S. 639
1

ESSAI HISTORIQUE

SUR

L'ÉTAT DE L'AGRICULTURE,

EN EUROPE,

AU SEIZIÈME SIÈCLE.

Par le C. GRÉGOIRE.

Extrait de la Nouvelle Édition du Théâtre d'Agriculture et Mesnage des Champs, d'Olivier de Serres, publiée en deux volumes in-4°., par la Société d'Agriculture du département de la Seine.

A PARIS,

DE L'IMPRIMERIE DE MADAME HUZARD, RUE DE L'ÉPERON, N°. 11.

AN XII.

ESSAI HISTORIQUE

SUR

L'ÉTAT DE L'AGRICULTURE,

EN EUROPE,

AU SEIZIÈME SIÈCLE.

L'ÉTERNEL Ordonnateur des mondes a disséminé sur la terre les germes réparateurs de tous les êtres, qui, jouissant de la vie, sont, par-là même, condamnés à la perdre.

Ministre de ses volontés, la nature féconde obéit à la voix de l'homme, qui, par l'agriculture, agrandit le domaine de ses jouissances, et recule, pour ainsi dire, les bornes de la création. Rien ne seroit plus curieux et plus utile qu'une histoire détaillée de ce qu'ont fait, en traversant les âges, dans les différentes régions, les sections diverses de la famille humaine, pour se nourrir, se vêtir et s'abriter. Les aberrations de l'esprit systématique, les pratiques vicieuses, les préjugés ridicules ou désastreux, ne doivent pas échapper aux recherches de l'historien. Il importe également de faire connoître les erreurs qui marquent l'écueil, et les tentatives couronnées de succès, qui indiquent la route. C'est ainsi que le passé devient l'héritage de l'avenir; et quoique, suivant l'expression de *Fontenelle*, les sottises des pères soient perdues pour leurs enfans, l'histoire, en indiquant les maux, montre les remèdes, comme si, à raison de leur efficacité, on pouvoit se promettre que les hommes auront toujours soin d'y recourir.

Mais où trouver les monumens dont se composeroit cette histoire? Où puiser les détails circonstanciés de ce qu'ont fait les peuplades humaines pour seconder la fécondité de la nature, pour vaincre les obstacles résultans du sol et du climat, pour les défrichemens, le saignement des terres inondées, l'irrigation des terreins secs, la *cicuration*(1), l'éducation, les maladies des animaux associés aux travaux et aux besoins de l'homme, la nature et l'emploi des engrais, l'assolement des terres, l'acclimatement et la culture des plantes céréales, oléagineuses, textiles, tinctoriales et à fourrages, celle des arbres à fruit, et spécialement celle de

(1) Je hasarde ce mot, d'après le verbe latin *cicurare*. Notre langue n'offre rien qui le remplace: *apprivoisement* ne dit pas assez; *domestication* seroit barbare.

l'arbuste dont la grappe fournit la plus précieuse des liqueurs. Ceux qui manioient la charrue et la bêche écrivoient peu ; ceux qui écrivoient eussent craint, pour la plupart, de se ravaler en traitant de l'agronomie. Plus occupés de l'art qui détruit, que de celui qui conserve, les auteurs nous parlent de légions, de batailles, de machines de guerre, plutôt que d'instrumens aratoires. Vainement l'humanité en deuil répand des malédictions sur la tombe de ceux qui ont fait du bruit, au lieu de faire du bien ; vainement elle s'efforce d'inculquer le sentiment de la véritable gloire, en criant que l'oppression n'est que l'ouvrage de l'ineptie et du crime ; que savoir gouverner un peuple libre, est, en politique, le seul indice qui décèle l'homme de génie. Dix mille villes en ruines attestent les fureurs de quelques centaines de brigands qui ont désolé le globe, et ces monstres ont trouvé une foule de panégyristes ; car ils eurent à leurs gages les gens de lettres et les prêtres, qui, depuis la plus haute antiquité, jusqu'à nos jours inclusivement, oubliant leur dignité, et si souvent vils adulateurs, ont, les uns, profané la religion, les autres, prostitué le talent.

L'histoire des Nations est presque ensevelie dans l'oubli ; on n'a guère que celle de leurs bourreaux : qui ne connoît pas Alexandre, César, Auguste, Charles XII ? Mais, qui pourra révéler à notre reconnoissance les noms de ceux qui inventèrent la voûte, la douve, le cric, le van, le crible, le levain, etc., etc. ?

Dans les champs désolés par la grêle, le laboureur recherche quelques épis échappés à la tempête : tels *Polydore-Vergile, Pancirole, Paschius, Goguet, Dickson,* et d'autres écrivains, ont recueilli dans les landes de l'histoire quelques faits isolés sur l'agriculture.

Circonscrit par la nature de mon travail, à la période qu'illustra Olivier de Serres, j'ai compulsé les archives des nations Européennes, pour connoître l'état-pratique de l'agriculture au seizième siècle et au commencement du dix-septième ; mais lorsque les faits échappent ou sont contestés, parce que les écrivains gardent le silence ou se contredisent, n'a-t-on pas quelque droit à l'indulgence du lecteur qui découvre dans un écrit des lacunes et des erreurs involontaires ? Il demande l'histoire de la science agronomique, dont malheureusement on ne peut guère lui offrir que l'histoire littéraire, c'est-à-dire la nomenclature raisonnée des principaux auteurs qui ont écrit sur cette matière ; or, le nombre de ceux qui méritent d'être cités comme classiques, est très-petit : les autres sont des cultivateurs de cabinet et des compilateurs.

Hippocrate, le seul des philosophes anciens qui ait fait une secte durable, parce qu'il s'est fondé sur l'étude de la nature, seroit encore aujourd'hui le premier des médecins. Ressuscitez *Columelle* et *Varron,* ils égaleront encore nos plus célèbres géoponiques ; car, si l'agriculture s'est enrichie d'acquisitions nouvelles, par les soins des botanistes ; si elle a perfectionné l'éducation des animaux et la culture des arbres, combien d'autres articles sur lesquels elle a réellement fait très-peu de progrès ! Tel est l'avis de *de la Brousse* (1) et celui de *Senebier* (2) ; mais, quand ce dernier, pour établir cette vérité, allègue

(1) *Mélanges d'Agriculture. Nismes,* 1789, in-8°.

(2) *Essai sur l'Art d'observer et de faire des expériences. Genève,* 1802, in-8°.

qu'autrefois les récoltes étoient plus abondantes dans l'Italie et la Sicile, la preuve n'est pas concluante. La Chaldée et l'Égypte sont assurément moins éclairées qu'autrefois, s'ensuit-il que les sciences soient arriérées ou stationnaires?

Les arts d'agrément, qui, dans l'attrait des hommes pour le plaisir, trouveront toujours des encouragemens, ont par-tout recueilli les faveurs, tandis que la modeste agriculture obtint à peine quelques regards protecteurs. Avec la somme que coûte annuellement l'Opéra de Paris à la Nation, qui n'en jouit pas, on donneroit l'impulsion à tout ce que le génie inventeur peut tenter en agronomie. Osez-vous demander à la terre de plus riches moissons, lorsqu'une ariette ou une contredanse sont bien autrement payées qu'une découverte utile?

Les causes qu'on a indiquées, et celles qui vont l'être, expliquent pourquoi les progrès de l'agriculture ont été si tardifs.

La chimie, qui promet beaucoup, et qui tiendra parole, n'avoit pas encore soumis à l'analyse les principes reproductifs des engrais naturels et artificiels. *Grew*, *Hales*, *Malpighi*, et leurs successeurs, n'avoient pas encore établi les fondemens de la physique végétale. La méchanique, qui associe les forces de la nature à celles de l'homme, étoit loin encore de la perfection vers laquelle elle marche. La météorologie, née seulement dans le siècle dernier, n'avoit pas encore ses *Kirwan*, ses *Cotte*, ses *Toaldo*; quoique celui-ci se soit déclaré le défenseur des influences lunaires sur la végétation, assurément il n'eût pas souffert que l'astrologie, comme au temps de nos pères, gouvernât l'économie rurale.

Si la méditation, l'expérience, ou d'heureux hasards, éclairoient la pratique du cultivateur, rarement cette découverte franchissoit les limites du canton où elle avoit pris naissance, soit que l'égoïsme en fît un mystère, soit que l'homme aime à se traîner dans l'ornière de la routine, soit enfin que le défaut de communications entre les peuples empêchât la circulation des découvertes. Qui pourroit en être surpris, quand on considère que, malgré les efforts des Sociétés agronomiques, les secours de l'imprimerie, et le zèle de cette foule de voyageurs qui visitent les diverses contrées du globe pour y pomper ce qu'il y a d'utile, il est beaucoup de procédés susceptibles d'être adaptés à notre sol, qui, enfouis dans les livres, servent seulement à augmenter le patrimoine des érudits, sans accroître nos jouissances? Tels sont les détails-pratiques de l'agriculture Chinoise, consignés dans les *Mémoires des Missionnaires*; plus encore de l'agriculture de ces Japonois, qui, nous dit-on, n'ont pas laissé un coin de terre inculte, et dans les champs desquels on ne trouve pas une seule herbe parasite. Leur fléau à trois battans, leur sakki qu'on vend dans toutes les auberges, comme le vin en Europe, la belle espèce d'orge à épis pourprés, l'emploi de diverses plantes comme substances alimentaires, tout cela est décrit par les voyageurs, qui s'extasient spécialement sur l'art des Japonois dans la préparation des engrais; c'est le langage de *Kæmpfer* (1) et de *Thunberg* (2). *Titzing*, qui a demeuré cinq ans dans ce pays, ajoutera à leur récit, dans l'ouvrage curieux qu'il va publier. *Hirzel* expose les moyens par lesquels *Klyiogg* multiplioit ses engrais, en se

(1) *Histoire du Japon. La Haye*, 1729, in-fol. | (2) *Voyage au Japon. Paris*, 1796, in-8°.

servant même de mousses, de menues branches d'arbres résineux et conifères (1), etc. En sommes-nous plus avancés dans ces diverses branches d'économie rurale ? Comment profiteroit-on des connoissances venues de loin, quand on néglige ce qu'il y a de bon chez ses voisins? Dans le nord de la France, la Hollande, l'Angleterre, on se sert généralement de ce qu'on appelle la tuile flamande : a-t-on seulement essayé d'en comparer l'usage à celui des tuiles creuses ou plates employées dans les autres Départemens? La pince à arracher les chardons est un instrument supérieur au sarcloir; pourquoi n'est-elle employée, jusqu'à présent, que dans quelques communes de la ci-devant Normandie (2)?

Arrieta, Herrera, Castellnou, et d'autres écrivains, se sont récriés contre l'attelage des bœufs au joug, qu'ils regardent comme un acte de cruauté : ils soutiennent que les ligatures exerçant une compression douloureuse sur le front de l'animal, il en résulte qu'au milieu des tourmens il dépense ses forces plus vîte et avec moins de profit. Ces réflexions, dictées par l'humanité et l'économie, ont-elles détruit un usage blâmable?

Mais le plus grand obstacle aux progrès de l'agriculture ancienne et moderne, fut le mépris dont elle se trouva frappée par l'abandon exclusif qu'on en fit aux esclaves, puis aux serfs de la glèbe. Après avoir avili les individus, on avilit l'industrie et la terre. Il est étrange que dans l'enseignement religieux on ait conservé l'expression d'*œuvres serviles*, puisque la religion a tant fait pour honorer le travail, affranchir les hommes, et les rappeler à leur dignité primitive.

Constantin déclara libres tous les esclaves qui embrasseroient le christianisme. *De Cairol* prétend que la saine politique condamne cette mesure, et que le décret de Constantin nous a produit ces mendians vigoureux, hardis et fainéans, qui infestent diverses contrées de l'Europe (3) : il s'est abstenu prudemment d'en déduire les preuves. Autant vaudroit, comme le père *Barre* et *Linguet*, assurer que l'esclavage est un moyen de civilisation et de bonheur.

Il faut que la propriété et les produits de la terre soient libres, pour la faire prospérer. L'estimable *Malouet* avoue que l'agriculture ne s'est perfectionnée en Europe, que par la destruction du servage qui, substitué à l'ancien esclavage, en avoit prolongé les effets désastreux; et c'est de-là, dit-il, que date la prééminence de cette partie du monde (4). Ailleurs, cependant, il prétend que les Colonies ne peuvent être cultivées par des blancs. On seroit effrayé des conséquences et des contradictions qui sortent d'une telle assertion, si l'on ne pensoit, avec *de Pradt*, que la maturité des abus dans les Colonies y amènera prochainement un nouvel ordre de choses (5).

Les moines, jadis trop préconisés, aujourd'hui trop décriés; les moines,

(1) *Le Socrate rustique. Lausanne*, 1777, in-8°., tome I, page 54 et suivantes.

(2) Il y a une bonne gravure de cet instrument dans l'ouvrage intitulé : *Dissertazioni sopra una Gramigna che nella Lombardia infesta la Segale. Milano*, 1772, in-4°., page 150.

(3) *Réflexions sur les révolutions qu'a essuyées l'Agriculture. Toulouse*, 1786, in-8°.

(4) *Collection de Mémoires sur l'administration des Colonies. Paris*, an X, in-8°., tome IV, page 79.

(5) *Les Trois âges des Colonies. Paris*, 1801, 3 vol. in-8°.

espèce de république, dont les règles offroient depuis long-temps l'image du système représentatif, avoient remis en honneur le travail des mains, et recueilli les procédés utiles de l'art rural. Les sciences et les lettres, épouvantées par le cri des barbares qui ravageoient l'Europe, se réfugièrent dans les cloîtres. La charrue et la bêche, les arts et les métiers, trouvèrent un asile autour des monastères; on y bâtit des villages, dont un grand nombre devinrent des villes. Les enfans de saint Basile, de saint Benoît, de saint Bernard, de saint Norbert, conservèrent les monumens du génie, et défrichèrent les cantons où ils avoient choisi leurs retraites. Dans la foule d'écrivains où l'on peut en puiser les preuves, je citerai: *Pierre de Crescens*, qui, dans sa lettre au général des Dominicains, dont les conseils l'avoient encouragé, le prie, ainsi que les autres moines, de corriger son ouvrage sur l'agriculture (1); *Nelis*, qui expose les avantages que l'agriculture a tirés des abbayes fondées dans le septième siècle (2); *Lavezari*, traducteur italien de *Mitterpacher*, qui retrace les services rendus à l'agriculture par les moines, spécialement ceux de Chiaravalle (3). La Lombardie leur doit l'art des irrigations, au moyen desquelles l'agriculture de ce pays a devancé d'environ un siècle celle des nations voisines. En 1694, fut fondée à Bologne une chaire d'hydrométrie, occupée par *Guglielmini*; mais depuis long-temps l'Italie savoit mesurer la force et la vîtesse des eaux, les gouverner, les répartir entre les cultivateurs: la pratique avoit précédé les théories scientifiques.

Souvent les moines échangeoient des fonds améliorés, contre des domaines incultes, mais plus vastes. *Cavanilles*, dans ses *Observations sur le royaume de Valence*, vous promène, en quelque sorte, dans ces champs où les Cisterciens, à force de travail, fertilisèrent des sables arides (4). Il réclame en faveur des curés, contre les chapitres, dont les membres, à quelques exceptions près, sont aussi inutiles en Espagne, que tout ce qui, en France et ailleurs, a porté ou porte ce nom. *Cavanilles* décrit les soins d'un curé pour perfectionner la culture des melons. Ce fait ramène naturellement l'éloge de cette classe si respectable de pasteurs auxquels on doit beaucoup pour l'avancement de l'économie rurale (5), dont un Gouvernement sage réclamera toujours l'intervention, et sur le compte desquels tous les cahiers des bailliages, en 1789, appeloient les regards de l'estime et de la bienveillance. C'est le langage des hommes éclairés dans tous les pays, tels que *Arthur Young*, *J. J. Rousseau*, *Levêque*; *Quintero*, membre de l'Académie d'histoire à Madrid (6); *Griselini*, secré-

(1) Voyez cette lettre, en tête de son ouvrage: *Trattato della Agricoltura. Bologna*, 1784, in-4°., tome I.

(2) *Vues sur différents points de l'Histoire Belgique*, dans les *Mémoires de l'Académie de Bruxelles*, tome II.

(3) *Elementi d'Agricoltura. Milano*, 1784, in-8°., tome I, page 7 de la préface.

(4) *Observaciones sobre la Historia natural, etc. del reyno de Valencia. Madrid*, 1795, in-fol., tome II, page 207 et suivantes.

(5) Dans le *Semanario de Agricultura* (*Madrid*, 1797, in-4°.), journal utile, entrepris par deux hommes de mérite, et continué par l'un d'eux, on trouve plusieurs traits qui attestent les connoissances agronomiques et le zèle des curés Espagnols.

(6) *Pensamientos politicos y economicos dirigidos a promover en Espana la Agricultura, etc. Madrid*, 1798, in-8°.

taire de la Société patriotique de Milan (1), et le vertueux *Colloredo*, dans sa belle *Instruction pastorale*, du 29 Juin 1782 (2).

L'ancienne Société d'agriculture de Paris comptoit un grand nombre de curés parmi ses correspondans les plus actifs, les plus éclairés; elle avoit nommé des Commissaires et approuvé leur rapport sur mon *Mémoire concernant la dotation des Curés en fonds territoriaux* (3); mais le délire de l'intolérance foula au pied ce projet, de peur qu'il ne fût utile à la religion, à la morale, à l'indigence; et par-là fut tarie une source d'instructions favorables à l'agriculture.

Depuis *Pallade* jusqu'à la renaissance des lettres, on ne trouve guère d'auteurs géoponiques que saint *Isidore de Séville*, *Constantin Porphyrogenète*, qui fit recueillir par *Cassianus Bassus* ce qu'il trouva de mieux dans les Anciens; *Vincent de Beauvais*, et *Ebn-el-Awam*, c'est-à-dire, un évêque, un empereur, un moine et un musulman.

Italie.

Le savant *Muratori*, dans sa XXIe. dissertation des *Antiquités d'Italie*, fait des réflexions sur les maux que cause la guerre à l'agriculture. Son pays ne l'a que trop éprouvé. Long-temps en proie aux factions, l'Italie sortoit à peine de cette lutte où la liberté, alternativement victorieuse et vaincue, combattoit le despotisme; les arts commençoient à reparoître sur cette terre classique: un mouvement général, imprimé aux esprits, s'étendit à l'agriculture, dont les procédés n'étoient qu'une science traditionnelle.

Venise peut se vanter, selon *Mills* (4), que son *Camille Tarello* est le premier homme de mérite qui ait écrit sur l'art rural, après la renaissance des lettres (5). *Mills* auroit-il donc oublié ce *Pierre de Crescens*, citoyen de Bologne, dont j'ai déjà parlé, qui, né en 1230, voyagea pendant trente ans dans diverses provinces de l'Italie, pour recueillir tout ce que l'état de l'agriculture présentoit d'intéressant? Il consigna ses recherches dans un traité sur cette matière; l'avoit-il composé d'abord en latin ou en italien? c'est une ques-

(1) Il a imprimé à Milan, en 1778, un discours pour faire voir l'utilité des pasteurs, considérés sous ce point de vue.

(2) Touchant l'abolition des pompes religieuses inutiles, l'exhortation à la lecture assidue de la Bible, l'introduction d'un recueil de cantiques en allemand, etc.

(3) Cet ouvrage est imprimé. Les Commissaires chargés du rapport, étoient deux savans devenus depuis mes amis; *Broussonet*, qui arrive des Canaries, avec de nouvelles richesses scientifiques, et *Boncerf*, qui a bien mérité de la France par ses travaux agronomiques, et sur-tout en publiant *les Inconvéniens des droits féodaux*: l'écrit eut l'honneur d'être brûlé en vertu d'un arrêt du Parlement; l'auteur échappa avec peine au supplice. Au commencement de la révolution, *Boncerf*, décoré de l'écharpe municipale, concourut à installer un nouveau tribunal judiciaire dans l'édifice où l'on avoit prononcé l'arrêt qui sera à jamais la honte de ses juges et la gloire de l'auteur; dans le même local, *Boncerf*, traduit depuis au Tribunal révolutionnaire, y fut absous; mais le chagrin l'a conduit au tombeau.

(4) *A new system of practical Husbandry. London*, 1767, in-8°. tome I.

(5) *Ricordo d'Agricoltura. Venezia*, 1567, in-8°.

tion

tion long-temps débattue: quoi qu'il en soit, l'ouvrage fut promptement traduit en plusieurs langues (1). *Lastri* a remarqué que *Crescens* cite *Caton*, *Varron* et *Pallade*, mais jamais *Columelle* (2), qui, peut-être, n'étoit pas encore exhumé de la poussière des bibliothèques.

Les études se ranimèrent, sur-tout à la fin du siècle suivant. Alors parut une foule d'ouvrages sur l'agriculture, l'art vétérinaire, la maréchallerie, la chasse, les fleurs. *Montagne*, dans ses *Voyages*, parle avec éloge des jardins d'Italie; néanmoins cet art étoit défectueux, selon *Hirschfeld*(3). Il prétend, avec *Addisson*, dans ses *Remarques sur l'Italie*, que nous avons emprunté des Italiens, la disposition de nos jardins; assertion dont il nous doit encore la preuve. On trouve dans *Lastri* (4) et dans *Rè* (5) la liste nombreuse des auteurs Italiens qui se sont occupés de l'art rural. Il nous suffira d'indiquer les plus renommés.

Lauro, qui publia une version de *Constantin Porphyrogenète* et de *Columelle* (6). La plupart des géoponiques grecs et latins furent traduits non seulement en italien, mais dans toutes les langues cultivées de l'Europe. Il étoit sage de consulter l'antiquité; mais on devoit encore plus interroger la nature.

Venuto (7).

Africo Clemente (8).

Tatti, qui, dans la préface de son livre, extrait en grande partie des Anciens, dit que l'agriculture est un des principaux membres de la république (9).

Tarello, déjà cité, qui propose d'alterner les cultures (10); invention dont *Rè* fait mal-à-propos honneur a l'Angleterre. Dans le siècle dernier, le père *Scottoni* publia des notes utiles sur ce livre (11). La décadence de l'agriculture chez les Modernes est, à son avis, le résultat de ce qu'il appelle le *Sistema Barbiano*, c'est-à-dire, de la détestable méthode des baux de trois ans seulement, inventée à Rome, dans le treizième ou le quatorzième siècle, par des seigneurs de la maison Barbiani, et qui de-là s'est répandue en Europe. Cette manière d'affermer les terres, trompe les calculs des propriétaires, par-tout où leur avarice mal entendue tient à la mobilité perpétuelle des baux triennaux, au lieu d'attacher les fermiers, de les intéresser à l'amélioration des terres par la longueur et la stabilité de la location.

J. B. Porta, qui, parcourant le champ des sciences, s'exerça sur beaucoup

(1) *Opus ruralium commodorum, etc. Lovanii*, 1474, in-fol. C'est le premier ouvrage sorti des presses de cette ville. Il fut traduit en françois, sous le titre de *Prouffitz champestres et ruraulx*; en allemand, etc.

(2) *Bibliotheca georgica degli Scrittori di Agricoltura spettanti al l'Italia. Firenze*, 1787, in-4°.

(3) *Théorie de l'art des Jardins. Leipsick*, 1779, 5 vol. in-4°.

(4) *Bibliotheca georgica, etc.*

(5) *Saggio di Bibliographia georgica. Venezia*, 1802, in-8°.

(6) *Costantino Cesare de notevoli et utilissimi ammaestramenti dell' Agricoltura, etc. Venetia*, 1542, in-8°. *Vitelli* en avoit publié une autre version à Venise, la même année. — *Lutio Giunio Moderato Columella de l'Agricoltura, lib. XII. Venetia*, 1544, in-8°.

(7) *L'Agricoltura, etc. Napoli*, 1516, in-4°.

(8) *Trattato dell' Agricoltura. Venetia*, 1572, in-8°.

(9) *Della Agricoltura. Venetia*, 1561, in-4°.

(10) *Ricordo d'Agricoltura, etc.*

(11) Voyez l'édition du *Ricordo etc.*, *Venezia*, 1772, in-4°.

de sujets, réussit dans plusieurs, fit des essais dans ses jardins près de Naples, et publia sa *Maison Rustique*, que l'on consulte encore avec fruit (1).

Vettori, qui, outre ses exercitations sur les auteurs géoponiques, composa un excellent livre sur la culture de l'olivier (2). Il fait autorité pour la langue, chez les grammairiens; et pour les préceptes, chez les agronomes.

Bonardo (3).

Bussato, qui, nonobstant quelques préjugés, recueillit de bonnes observations sur les arbres fruitiers (4). On remarque que son ouvrage est en grande partie dégagé des observations superstitieuses dont fourmillent la plupart des écrits contemporains; il accorde moins aux influences lunaires que *Davanzati*, estimé d'ailleurs pour avoir bien établi la nomenclature des fruits, et pour avoir décrit avec soin la culture de la vigne en Toscane (5); beaucoup d'autres s'occupèrent de cet arbuste intéressant, tels que *Altomare* (6), *Magazzini* (7), *Soderini* (8), *Bacci*, qui publia une *Histoire naturelle des Vins*, ouvrage curieux et savant (9); *Randella* (10), oublié par *Lastri*, etc.

Arma discuta la propriété du riz, pour la panification (11), et adopta la négative. *Crasso* et *Segni* examinèrent les qualités alimentaires et les dangers de l'ivraie (12). Ce dernier employe un chapitre à prouver que l'abondance est utile, et que la famine est un malheur (13). De nos jours, on croiroit qu'il est très-inutile d'établir des vérités si palpables; mais en se reportant à l'époque où écrivoit *Segni*, cela paroît, à notre collègue *François* (*de Neufchâteau*), l'indication d'un fait important; c'est qu'alors les famines étoient fréquentes en Italie, soit par le défaut, soit par l'excès de police : en sorte que ce chapitre seroit une preuve du malheur des temps, et de la mauvaise administration qui présidoit en ce pays.

On conçoit que l'éducation des vers à soie et la culture du mûrier durent appeler l'attention des Italiens. *Corsuccio*, qui dédia aux dames de Rimini un traité sur cet insecte (14), prétend être le premier qui, depuis long temps, en ait parlé, quoique *Vida* eût déjà composé un poëme (15) qui, à la vérité, peut être considéré comme ouvrage d'imagination, plutôt que d'instruction.

Les Italiens paroissent être la nation la plus riche en poëmes didactiques

(1) *Villæ, l. XII. Francofurti*, 1592, in-4°.
(2) *Lodi e Coltivazione degli Ulivi. Firenze*, 1569, in-4°.
(3) *Le Ricchezze dell' Agricoltura. Venezia*, 1584, in-8°.
(4) *Giardino d'Agricoltura. Venetia*, 1592, in-4°.
(5) *Trattato della Coltivazione delle Viti, etc. Firenze*, 1600, in-4°.
(6) *De Vinaceorum Facultate et Usu. Neapoli*, 1562, in-4°.
(7) *Coltivazione Toscana. Venezia*, 1625, in-4°.
(8) *Coltivazione Toscana delle Viti. Firenze*, 1600, in-4°.
(9) *De naturali Vinorum Historiâ. Romæ*, 1596, in-fol.
(10) *De Vineâ, Vindemiâ et Vino. Venetiæ*, 1629, in-fol. Voyez la notice de cet ouvrage et du précédent, ci-après, page 375.
(11) *Che il Pane fatto con il decotto del Riso non sia sano. Torino*, 1569, in-8°.
(12) *De Lolio Tractatus, etc. Bononiæ*, 1500, in-4°.
(13) *Discorso intorno alla Carestia e Fame. Bologna*, 1605, in-4°.
(14) *Il Vermicello della seta. Rimini*, 1581, in-4°.
(15) *De Bombycum Curâ et Usu, libri II. Lugduni*, 1537, in-8°.

sur les matières d'économie rurale. Le seizième siècle vit naître ceux d'*Alamanni* (1), le plus beau poëme géorgique de l'Italie; de *Rucellai* (2); de *Tansillo* (3); qui ont été suivis de beaucoup d'autres, et dont on a publié un recueil intéressant (4).

Nous venons de nommer *Gallo*. La prééminence de cet écrivain le recommande à la postérité; et les vrais appréciateurs de son mérite applaudiront à *Rè*, pour en avoir pris la défense (5), contre *Haller* qui l'a maltraité (6). L'*Agriculture de Gallo* (7) a eu plus de vingt éditions en Italie, sans compter les traductions françoises. On trouve dans les discours d'un de ses interlocuteurs, quelques idées fausses ou exagérées, par exemple, quand il soutient que les commerçans feroient mieux de se livrer à l'agriculture; comme si le négoce n'étoit pas aussi un des élémens dont se compose l'organisation sociale. Avec la plupart des auteurs géoponiques, *Gallo* s'élève contre les rêveries astrologiques. Il écrit sans ornement; mais ses réflexions sont judicieuses, et l'ouvrage se fait lire avec intérêt. On y voit, entr'autres choses, que les Milanois faisoient cuver leurs vins, vingt-cinq et même trente jours. Louis XII ayant conquis le pays, les François répugnoient à boire ce vin extrêmement dur: les habitans contractèrent en conséquence l'habitude de cuver peu leurs vins. *Gallo* parle de ceux de la Voltolina, qui, peu ou pas cuvés, se conservoient pendant vingt ans.

Ne pourroit-on pas reprocher à plusieurs des artistes qui, dans ces derniers temps, ont écrit sur l'architecture, d'avoir dédaigné les constructions rurales, sur lesquelles notre collègue *Lasteyrie* a publié un traité, traduit de l'Anglois? Ont-ils pu oublier que, non loin des palais, se trouvent des chaumières d'autant plus multipliées, d'autant plus chétives que les châteaux sont plus nombreux, par la raison que, dans la distribution des richesses, si l'un a trop, l'autre a trop peu? Rendons justice aux architectes des quinzième et seizième siècles: *Alberti* (8), *Grapaldi* (9), chez les Italiens; *Ponsard* (10), chez nous, et beaucoup d'autres, se sont occupés des édifices champêtres. Ce dernier, sur-tout, disserte sur la bâtisse des étables, des poulaillers, des colombiers.

Les détails que l'on vient de lire ne sont guère qu'une énumération fastidieuse d'auteurs géoponiques; mais l'intérêt qu'inspiroit alors l'agriculture à l'Italie, est prouvé par la multiplicité même de ces écrits, et par la variété des objets dont ils traitent. En donnant les préceptes, leur tâche est

(1) *La Coltivazione, libri VI. Parigi*, 1546, in-12.

(2) *Le Api*, 1530, in-8°.

(3) *Il Podere*. Ce poëme, qui a été publié pour la première fois, à Turin, en 1769, avoit été composé deux siècles auparavant.

(4) En 1785, à Lucques, on les a réunis en deux volumes in-8°. avec ceux de *Betti, il Baco da seta*; de *Baruffaldi, il Canapaio*; de *Spolverini, la Coltivazione del Riso*; de *Lorenzi, della Coltivazione de' Monti*; de *Giorgetti, il Filugello*; etc.

(5) *Bibliographia georgica*, pag. 35.

(6) *Bibliotheca botanica*, tom. I, pag. 304.

(7) *Le vinti Giornate dell' Agricoltura. Venetia*, 1569, in-4°. La première édition, en dix journées, est de 1550.

(8) *De Re Ædificatoriâ. Florentiæ*, 1485, in-fol.

(9) *De Partibus Ædium. Parmæ*, sans date (1494), in-4°.

(10) *Traicté de l'élection et choix des Lieux salubres, pour la construction des Bastimens. Paris*, 1617, in-4°.

remplie, celle des historiens ne l'est pas : on désireroit le tableau statistique des divers États, et celui des progrès de la civilisation; car, à quoi bon tant de chroniques remplies de généalogies, d'intrigues de cour, de récits de guerre, où (suivant l'expression de ce *Frédéric* à qui la philosophie conteste le nom de Grand) les princes jouent les provinces, et les hommes sont les jetons avec lesquels on paie ? A quoi bon tant d'ouvrages où l'on ne voit que des sacrificateurs couronnés, des peuples victimes, et des satrapes qui, par leurs adulations envers ceux-là, ont obtenu le privilége de torturer ceux-ci ?

Honorons la mémoire d'un écrivain du seizième siècle, auquel on ne peut adresser ce reproche, et dont l'ouvrage est une espèce de statistique, sous un autre titre. Dans un livre où se montrent avec éclat deux sentimens inséparables quand ils ne sont pas dénaturés, l'amour de la religion et celui de la liberté, *Sacci* embellit par les charmes d'une diction élégante les détails curieux qu'il donne sur les excellens chevaux de la Pouille, sur les irrigations, les fenaisons, le battage des grains, le lin du Bressan, les asperges de la Laumeline, l'éducation des vers à soie. Dans cette petite contrée on suppléoit aux mauvaises vendanges, en faisant du vin avec le fruit de la vigne sauvage (*vitis labrusca*) (1).

Demandez-vous quels pays de l'Italie avoient la culture la mieux entendue au temps d'OLIVIER DE SERRES? Assurément, ce n'étoit pas cette Sardaigne dont on vante l'antique fertilité, et qui, pour remonter à un état prospère, n'attend que les regards vivifians de la liberté. Pendant quatre siècles, possédée par l'Espagne, qui lui envoyoit des vice-rois dont l'unique occupation étoit de s'enrichir, frappée du fléau des corvées, de la féodalité et de la fiscalité, la Sardaigne étoit tombée dans un état d'apathie dont elle ne s'est pas relevée. L'ignorance y est telle encore, que l'opinion générale exclut l'emploi des mulets, sous prétexte que leur introduction gâteroit la race des chevaux ; c'est *Azuni* qui nous l'assure (2).

Etoit-ce la Sicile, que *Cicéron* appelle un grenier toujours abondamment rempli ? Le froment y croît spontanément, *Fazello* l'avoit déjà remarqué (3).

La canne à sucre étoit-elle connue des Anciens ? L'affirmative est prouvée d'après les témoignages de *Théophraste*, de *Pline*, d'*Arrien*, de *Lucain*, et d'autres auteurs recueillis par *Falconer*, dans son *Essai sur l'Histoire du Sucre* (4), et par *Grainger*, dans les notes de son poëme sur le roseau qui le produit (5).

Ce roseau est indigène en Sicile. *Chiariti* a publié un rescrit de l'empereur Frédéric II, qui cède aux Juifs ses jardins de Palerme, pour y cultiver le

(1) *Bernardi Sacci Patritii Papiensis de Italicarum Rerum Varietate et Elegantiâ, libri X. Papiæ*, 1565, in-4°., lib. I, cap. V; et lib. IV, cap. IV, VI, VII, etc.

(2) *Histoire de la Sardaigne. Paris*, 1802, 2 vol. in-8°. Nous devons au même écrivain un bon ouvrage sur les *Droits maritimes des peuples*, etc., etc.

(3) *De Rebus Siculis. Panormi*, 1558, in-fol., cap. IV, *de Ubertate Siciliæ*.

(4) *Sketch of the History of Sugar*, etc., dans les *Memoirs of the literary and philosophical Society of Manchester. Manchester*, 1796, in-8°., tome IV, partie II.

(5) *The Sugar-cane : a poem. London*, 1764, in-4°.

palmier et la canne à sucre (1). Il est question de cette plante dans un autre rescrit de Charles d'Anjou, premier du nom, sous l'an 1281, publié par le prélat de Canosa, *Farges-Davanzati* (2).

Les Arabes inventèrent, dit-on, l'art de crystalliser le sucre; et, vers l'an 1471, un Vénitien, si l'on en croit *Pancirole*, faisoit usage de ce procédé (3); mais des monumens incontestables établissent l'antériorité de cette découverte. *Farges* assure avoir lu dans les archives de l'Hôtel de la Monnoie, à Naples, un titre de l'an 1242, dans lequel un certain *Pietro* est désigné sous la qualification de *Magister Saccherarius*. L'historien *Troyli* assure qu'autrefois on faisoit du sucre en Calabre; et si, de nos jours, dit-il, ce genre d'industrie est tombé, c'est que le sucre étranger nous est apporté à très-bon compte (4).

Le mûrier, également indigène dans l'état de Naples, fut cultivé sous Roger I, qui fit venir de Négrepont des ouvriers en soie. Ce travail devenu languissant, fut ranimé par Charles II d'Anjou. La culture du mûrier, très-répandue dans la Pouille, vers le commencement du seizième siècle, y prospéra jusques vers le milieu du dix-septième. Alors des droits exorbitans sur la soie nuisirent à cette branche de commerce.

Parmi les victimes du patriotisme, assassinées judiciairement à Naples en 1799, on trouve le célèbre *Cyrillo*, qui, vers 1766, avoit découvert, en Sicile, le papyrus; quelques années après, on essaya, avec succès, d'en faire du papier, qui n'avoit que l'inconvénient d'être d'un blanc livide : l'inventeur cherchoit les moyens de le perfectionner.

Il paroît qu'au seizième siècle la fécondité du sol de cette île n'étoit pas grandement secondée par la main des hommes. Les contrées d'Italie les mieux cultivées étoient alors la Lombardie, la Toscane, le Ferrarois; le Bressan, dont *Gallo* disoit, quand il naît un Bressan il naît un agriculteur; le Bergamasque, où les préceptes de *Crescens* étoient en honneur; on y publia une édition nouvelle de *Tarello;* le Piémont, si riche en productions variées et en pâturages. L'avocat *Lanzon* soutient qu'annuellement il en sort quatre-vingt mille boeufs (5).

En 1583, le gouvernement de ce pays avoit fait des règlemens sages sur les soies et sur le commerce des grains. Au seizième siècle, on y creusa un grand nombre de canaux, dont les eaux sont réparties aux cultivateurs avec une sagesse qui peut servir de modèle pour cette partie de la police rurale. Le christianisme, qui intervient par-tout où il peut placer une bonne œuvre, stimula le patriotisme par des fondations pieuses et commémoratives. Dans diverses paroisses on acquitte des obits anciennement établis par la reconnoissance, en faveur

(1) *Commentario sulla costituzione*, de Instrumentis conficiendis.

(2) *Dissertazione sulla seconda moglie del re Manfredi*, in-4°., page 84. Je dois à ce savant écrivain plusieurs autres indications.

(3) *Rerum memorabilium sive deperditarum, etc. Francofurti*, 1631, in-4°.

(4) *Storia generale del reame di Napoli. Napoli*, 1749, in-4°., tom. I, part. I, fol. 156.

(5) *Sguardo sul Piemonte, etc. Torino*, 1787, in-8°.

de ceux qui avoient bien mérité de leurs concitoyens, en faisant construire tel canal qui arrose les propriétés des habitans (1).

Ici s'intercalle naturellement la mention des marais Pontins, dont on avoit entrepris le desséchement, l'an 550 de Rome ; car, alors, les eaux avoient déjà envahi ce terrein, où l'on avoit compté vingt-trois villes (2). M. *Nicolaï*, auteur d'un ouvrage très-savant sur cet objet, observe que les papes, occupés à calmer les troubles politiques, ne purent travailler au desséchement jusqu'à Léon X, qui commença l'ouvrage ; après lui, Sixte-Quint fit de nouvelles tentatives en 1586. Après avoir recueilli les conseils d'hommes éclairés, il entrevoyoit avec joie, dans le lointain, ses efforts couronnés du succès ; espérance vaine ! Aucun pape n'a plus dépensé que Pie VI, pour cette vaste entreprise, qui n'est encore exécutée qu'en partie (3). Ce que n'a pu Rome moderne, eût été fait par la Hollande. Il en est temps encore : appelez à votre aide une compagnie de ces robustes Flamands qui ont desséché des moores vers Dunkerque, et du temps de Sully les marais de cette partie du Poitou à laquelle on donne encore le nom de *Petite Flandre ;* ou confiez l'entreprise à ces estimables Bataves qui ont perfectionné l'hydraulique, posé des barrières aux flots irrités, desséché la mer de Deemen, dont le sol, plus bas que les eaux de l'Océan, est couvert de jardins, de maisons de campagne, et qui n'ont pas encore abandonné le projet de dessécher la mer de Harlem.

Espagne.

Sous le gouvernement Romain, l'agriculture de l'Espagne fit quelques progrès, grâces à l'esprit d'observation qui s'introduisit. Ces progrès eussent été plus signalés, si l'Espagne n'eût été cultivée par des mains esclaves, et en proie à ce système des grandes fermes, l'objet de tant de discussions dans ces derniers temps, contre lequel se sont élevés avec force *Mann* (4), *Beunie* (5), *Chalmers* (6), *Banqueri* (7), etc. ; système dont la chute est inévitable dans tout pays où la population recevra de grands accroissemens.

L'Espagne s'honore d'avoir donné le jour à *Columelle*. *Isidore de Séville*, quelques siècles après, se plaça au rang des pères de l'église et des écrivains agronomiques (8). On conçoit que l'invasion des Goths, puis celle des Sarrasins, durent momentanément nuire à la culture. Ceux-ci réparèrent ensuite le mal par des découvertes dans l'astronomie, la médecine, l'agriculture, qui leur assurent un rang entre les nations savantes.

(1) Je dois les faits concernant le Piémont, à deux citoyens estimables, *Galli*, conseiller d'État, et *Paroletti*, membre de l'Académie des sciences et de la Société d'agriculture de Turin.

(2) *Plinii Hist. Nat. lib. III.* — *Arcere, De l'état de l'Agriculture chez les Romains. Paris*, 1777, in-8°., page 29.

(3) *De' Bonificamenti delle terre Pontine. Roma*, 1800, in-fol., lib. II, cap. VI.

(4) Voyez ses Mémoires, dans ceux de l'Académie de Bruxelles, tome IV.

(5) *Essai chymique des terres*. Ibid. tome II.

(6) *An estimate of the comparative strength of Great Britain*, in-8°.

(7) Traducteur, en espagnol, *d'Ebn-el-Awam*, dont on va parler.

(8) Voyez ses *Origines*, sur-tout le livre XVII, *de Rebus Rusticis*, et le XX°., concernant les instrumens aratoires et domestiques.

L'expulsion des Maures affoiblit considérablement l'Espagne ; le mal fut au comble, lorsqu'en 1610 Philippe III chassa les Moriscos, accusés de n'être chrétiens qu'à l'extérieur. Plus d'un million d'individus, la plupart cultivateurs et artisans, quittèrent le pays. Le roi crut qu'en accordant la noblesse et l'exemption du service militaire à tous les Espagnols qui se feroient laboureurs, il atténueroit les effets désastreux de sa fausse politique. Cette mesure produisit peu d'effets.

Les Maures, refoulés dans les contrées Africaines, y sont retombés dans la barbarie ; il faut chercher sans doute l'explication de ce phénomène dans la disparité de législation, de gouvernement, de climat. A leur expérience, ils avoient ajouté celle des autres siècles, des autres pays. Ils avoient traduit du chaldéen en arabe les écrits agronomiques de *Cucemi*, qui, traduits successivement en ancien castillan, puis en espagnol moderne, l'an 1626, n'ont pas été imprimés (1). On y retrouve le goût des Orientaux pour les apologues ; tel est celui des arbres qui, voyant dormir sous leur ombrage des serviteurs chargés de les élaguer, et soupçonnant que quelques-uns étoient éveillés, pronostiquent la mort de quiconque osera les tailler. Ce stratagême leur réussit (2). Mais dans ces contes, sont intercallés des détails curieux, spécialement sur les pruniers et les palmiers.

Un autre monument très-précieux de l'agriculture des Maures en Espagne, est l'ouvrage d'*Ebn-el-Awam*, de Séville, attendu long-temps, et dont M. *Banqueri* vient enfin de donner une magnifique édition, qui contient le texte, avec une version espagnole (3). Le traducteur ne rapporte aucuns détails biographiques sur cet écrivain. *Casiri* croit qu'il a vécu au sixième siècle de l'hégire, c'est-à-dire au douzième de l'ère chétienne (4). *Ebn-el-Awam* cite une foule d'auteurs géoponiques Arabes (5). La culture de la canne à sucre et celle du safran sont mentionnées dans cette Maison rustique. Elle embrasse tous les objets dont se compose une exploitation rurale, sans oublier la vétérinaire, les procédés pour conserver tant frais que secs les fruits et les légumes, l'indication des plantes auxquelles on peut avoir recours dans les temps de disette. L'auteur disserte en homme éclairé, sur les engrais et sur les irrigations. L'Espagne doit aux Maures l'usage des *noria*, ou roues à chapelet, sur le contour desquelles sont adaptés des seaux, qui s'emplissent comme celles qu'on voit à Zurich, sur la

(1) *Agricultura del Cucemi, author caldeo, y traduzida en arabigo y anadida por Abubecre-a-ben-noxia, author arabe, traduzida en lenguase castillano por Incierto y Buelta, en castillano bono ordinario del' antiquo, etc., por Manuel Serrano de Pas*, 1626. Ce manuscrit m'a été prêté par M. *de la Serna*, Commissaire-général du commerce d'Espagne. Il m'est doux d'avoir à consigner ici mes sentimens de gratitude envers un homme aussi estimable. *Cucemi* seroit-il le même que *Kutsami*, mentionné comme auteur d'un *Traité sur l'Agriculture nabathéenne*, dans l'ouvrage d'*Ebn-el-Awam* ? Je ne trouve pas dans *Casiri*, le nom de *Cucemi*.

(2) Chapitre *de Enxerimiento*.

(3) *Libri di Agricultura. Madrid*, 1802, 2 vol. in-fol.

(4) *Bibliotheca Arabico-Hispana, Matriti*, 1760, in-fol., tom. I, pag. 323.

(5) Dès 1602, la traduction d'un ouvrage arabe sur les Limons avoit été imprimée à Paris : *De Limonibus Tractatus Embitar arabis, per Andream Bellunensem latinitate donatus. Parisiis*, 1602, in-4°.

Limath, à sa sortie du lac. Ce moyen, également employé dans le Piémont, la ci-devant Provence, et dans quelques parties des Vosges, est cependant trop peu répandu.

Campomanes, censeur de l'ouvrage, regrette qu'il n'ait pas été connu de *Herrera*, qui en auroit profité pour décrire quelques espèces de fruits et de plantes, cultivées dans les provinces méridionales de l'Espagne, mais inconnues au centre de ce pays, comme le caroubier, le cotonier et le riz. Cette dernière culture avoit été prohibée plusieurs fois en Espagne, entr'autres par Pierre II, dans le royaume de Valence. Alonzo avoit même statué que les infracteurs de cette défense seroient punis de mort.

Communément on attribue l'état languissant de l'agriculture, dans les parties alors possédées par les Espagnols, aux guerres qu'ils eurent à soutenir contre les Maures; cependant ceux-ci, en maniant l'épée, n'avoient pas négligé la charrue. Au seizième siècle, les Espagnols s'éveillèrent, ainsi que les peuples voisins: la découverte de l'Amérique pouvoit seconder leurs efforts agronomiques; mais l'espérance d'y faire rapidement et avec facilité des fortunes colossales, s'étoit emparée des esprits; d'un autre côté, la *grandesse* et le désir de s'avancer à la cour tenoient les riches propriétaires éloignés de leurs domaines: ajoutez à cela que la législation et la politique furent, comme elles le sont très-souvent, en opposition avec le vœu et le bonheur du peuple.

Alors, cependant, parurent beaucoup d'écrivains sur l'art vétérinaire, l'agriculture, etc., dont M. *Rodriguez* publia, il y a treize ans, un catalogue (1); tel est, entr'autres, *Reyna* (2), à qui *Feyjoo* attribue la découverte de la circulation du sang (3). M. *Rodriguez* la donne au fameux *Servet*, autre Espagnol, antérieur à *Reyna*; mais *Dutens* revendique cet honneur pour les Anciens (4).

Parmi les écrivains géoponiques de l'Espagne, vers le temps d'OLIVIER DE SERRES, on cite encore *Louis Perez*, auteur d'un *Traité sur le Chien et le Cheval*, considérés dans leurs rapports avec l'agriculture (5), *Jean de Arrieta*, auteur du *Despertador* (l'Excitateur), excellent discours sur la fertilité de l'Espagne, réimprimé dans la dernière édition de *Herrera* (6);

Gregorio de los Rios, qui disserte sur les jardins (7); *Gutierrez de Salinas* (8); *Agustin*, auteur des *Secrets de l'Agriculture*, qui parurent en 1617; traité bien fait et réimprimé avec l'augmentation d'un cinquième livre qui étoit resté inédit (9);

Lopez de Deça qui, en 1618, se plaint amèrement du manque de laboureurs;

(1) *Catalogo de algunos autores Españoles que han escrito de Veterinaria, de Equitacion, y de Agricultura, etc. Madrid*, 1790, in-4°.

(2) *Libro de Albeyteria. Burgos*, 1564, in-4°.

(3) *Theatro critico, etc. Madrid*, 1764, in-4°., tome VIII, discours XII, page 439.

(4) *Recherches sur l'origine des découvertes attribuées aux Modernes. Paris*, 1763, in-8°., troisième partie, chap. III.

(5) *Del Perro y del Caballo. Valladolid*, 1568, in-8°.

(6) L'ouvrage avoit déjà paru à Madrid en 1581, in-8°.

(7) *La Agricultura de Jardines. Madrid*, 1592, in-8°.

(8) *Discursos del Pan y del Vino, etc. Alcala*, 1600, in-4°.

(9) *Libro de los Secretos de Agricultura, casa de campo y pastoril. Perpiñan*, 1626, in-4°.

reurs ; en conséquence, il veut qu'on supprime les professions de parfumeurs, de musiciens, et sur-tout de comédiens (1) ;

Gonzalo de las Cazas, qui traite de l'éducation des vers à soie (2) ; *Mendez de Torres*, qui s'occupa des abeilles (3). Cet ouvrage, réimprimé dans la nouvelle édition de *Herrera*, n'a pas été effacé, dit-on, par celui que *Jayme Gil* publia sur le même sujet, vers le commencement du dix-septième siècle (4). Cependant ce dernier, qui est un homme expérimenté, écrit avec méthode, et paroît avoir atteint le but qu'il s'étoit proposé, de ne rien admettre d'inutile, et de ne rien omettre d'utile.

Un autre écrivain, du même nom, le père *Gil*, des clercs mineurs, a publié un plan d'administration des forêts (5). Les faits cités dans son ouvrage attestent qu'au seizième siècle elle étoit déjà très-vicieuse, puisque Charles-Quint, dans une cédule de l'an 1518, gémit de voir l'Espagne manquer de bois à brûler et à bâtir. Philippe II, en 1582, fit quelques réglemens en conséquence.

Plusieurs patriotes distingués du seizième siècle désiroient qu'on établît des chaires et des académies d'agriculture ; et certes on peut encore, comme *Columelle*, comme *Feyjoo*, s'étonner qu'il y ait tant de maîtres à chanter, à danser, et point pour enseigner l'art de cultiver (6). C'est l'objet d'un excellent écrit, publié par notre collègue *François* (*de Neufchâteau*) (7). Tel étoit aussi l'avis du plus célèbre géoponique de l'Espagne, de *Herrera*, dont la réputation l'élève au-dessus de ses contemporains qui ont suivi la même carrière. Le cardinal *Ximenès* encourageoit par-tout les sciences et les arts ; c'est par son ordre, dit *Muñoz* (8), que *Herrera* écrivit son ouvrage d'agriculture (9). *Muñoz* a voulu dire, sans doute, sur son invitation : De quel droit la puissance voudroit-elle commander au génie ?

Herrera avoit étudié les Anciens, visité l'Allemagne, l'Italie, le Dauphiné ; il rapproche les vieilles pratiques des nouvelles, donne des recettes bonnes pour la plupart ; mais il est à regretter, dit M. *Rodriguez*, qu'il n'ait pas étendu ses observations sur toutes les provinces de l'Espagne. Toutes ont, du moins, profité de son ouvrage, traduit en plusieurs langues, si souvent réimprimé, et dont la réputation se soutient au milieu des bons écrits agronomiques qui ont paru depuis.

Un passage d'*Isidore de Séville* prouve que, de son temps, les bœufs étoient employés à la charrue (10). Ils ont cédé la place aux mulets, dont l'usage

(1) *Govierno politico de Agricultura. Madrid*, 1618, in-4°.

(2) *Arte nuevo para la Cria de la Seda. Granada*, 1581, in-8°.

(3) *Tratado breve de la Cultivacion y Cura de las Colmenas. Alcala*, 1586, in-8°.

(4) *Perfecta, y curiosa Declaracion, de los provechos grandes, que dan las Colmenas bien administradas : y Alabanças de las Abejas. Zaragoça*, 1621, in-8°. — Notre langue manque de mot pour désigner la personne qui soigne les ruches. Les Espagnols en ont deux, *abejero* et *colmenero*.

(5) *Plan de nueva Ordenanza de Montes. Madrid*, 1794, in-8°.

(6) *Theatro critico, etc.*, tome VIII.

(7) *Essai sur la Nécessité et les Moyens de faire entrer dans l'Instruction publique l'enseignement de l'Agriculture. Paris, an X*, in-8°.

(8) *Discurso sobre la Economia politica. Madrid*, 1769, in-8°., préface, page 30.

(9) *Libro de Agricultura que es de la Labrança y Criança, etc. Toledo*, 1520, in-fol. La dernière édition est de 1790.

(10) Lib. II, cap. XVII.

est presque universel : *Herrera* s'en plaint amèrement, ainsi que *Lopez de Deça* (1) et *Arrieta*. Ce dernier assure que c'est une calamité d'avoir quitté le bœuf pour semer, labourer, charroyer, battre le blé, et de lui avoir substitué le mulet, dont il dit beaucoup de mal (2).

La même question, reproduite plusieurs fois, a toujours été jugée de même, entr'autres par l'auteur du *Laboureur Biscayen* (3). En 1787, *Castellnou* publia sur ce sujet, un ouvrage, dans lequel, après avoir exposé les raisons et discuté les objections, il conclut en faveur du bœuf, par le moyen duquel on obtient, dit-il, un sillon plus profond (4). En 1790, un autre écrivain, *Maurueza Barreda*, attaqua de nouveau l'emploi des mulets (5). Ces écrits multipliés sont une nouvelle preuve de la ténacité du peuple dans des usages invétérés, contre lesquels la raison réclame.

M. *Asso* nous apprend divers faits relatifs à l'agriculture de l'Aragon; par exemple, l'artichaut ne fut introduit dans ce royaume, que vers la fin du seizième siècle. On peut s'étonner de ce retard, s'il est vrai que les autres provinces le connoissoient bien antérieurement, comme paroît le prouver son nom arabe, dans la langue espagnole, *alcachofa*. Le choufleur et le brocoli ne furent connus, en Aragon, que long-temps après (6); mais les vers à soie l'étoient vers le milieu du seizième siècle (7). On voit, par l'ouvrage de *Casiri*, que, depuis long-temps, Grenade en élevoit beaucoup (8).

Autrefois les francolins et les faisans étoient communs en Aragon, où actuellement leur race est éteinte (9). Quoiqu'on n'assigne pas l'époque précise à laquelle l'olivier y fut cultivé, on sait que, vers 1640, on en distinguoit déjà deux variétés, la royale, et celle qui est appelée *empeltres* (10), espèce de petit olivier, dont les branches sont très-multipliées.

Quant aux vignes, celles de Jaca furent renommées depuis le douzième siècle, jusqu'à la fin du dix-septième. M. *Asso* attribue leur dégénération à ce que le climat est devenu plus froid (11). En 1616, elles étoient si abondantes vers Sarragosse, qu'il fut défendu d'en planter davantage (12).

Le bénédictin *Feyjoo* disoit qu'en Galicie, en Asturie, et dans les montagnes de Léon, les laboureurs étoient la classe la plus affamée, la plus malheureuse (13); car il est à remarquer que souvent ceux à qui le riche doit les primeurs, les fruits exquis, le pain blanc, manquent du nécessaire; c'est toujours la sentence de *Virgile* vérifiée : *Sic vos non vobis, etc.* Pour remédier à ce mal, *Feyjoo*

(1) *Govierno politico, etc.*, fol. 35.

(2) *El Despertador, etc.*

(3) *El Labrador Vascongado, por Ant. de San Martin y Burgoa. Madrid*, 1797, in-8°, page 98.

(4) *Memoria sobre la Preferencia que por su calidad se debe dar al Buei respecto de la Mula para la Labranza, etc. Madrid*, 1787, in-8°.

(5) *Adicion al tratado intitulado : Despertador, etc. Madrid*, 1790, in-8°.

(6) *Historia de la Economia politica de Aragon. Zarragossa*, 1798, in-4°., page 122 et suivantes.

(7) *Ibid.*, pag. 174.

(8) *Casiri*, pag. 248.

(9) *Historia de la Economia, etc.*, page 96.

(10) *Ibid.*, pag. 119.

(11) *Ibid.*, pag. 54.

(12) *Ibid.*, pag. 115.

(13) *Theatro critico, etc.*, tome VIII, discours XII, page 439.

propose de créer un conseil de laboureurs, de diminuer le nombre des fêtes (1). Avant lui, *Gutierrez de Salinas*, contemporain de *Herrera*, demandoit une association pour secourir quiconque feroit des pertes de bestiaux, en répartissant le prix sur chacun des associés (2). Telle est l'excellente vue que réalisa dernièrement la Hollande, par une assurance de chaque bête à cornes, au moyen d'une très-modique avance.

Deux pragmatiques, l'une de Philippe II, en 1594, l'autre de Philippe IV, en 1633, avoient accordé aux laboureurs le privilége de ne pouvoir être arrêtés pour dettes, pendant les six derniers mois de l'année, à moins qu'elles ne fussent provenues de délits.

En 1616, on avoit formé à Huesca un Mont-de-piété pour les laboureurs; établissement utile, si les effets n'en avoient été combattus par une multitude d'obstacles également funestes à l'agriculture et à ceux qui s'en occupoient. Hâtons-nous de consigner ici, qu'en 1802 la Société Aragonoise en a établi un à Sarragosse.

Un oncle de *Columelle* avoit croisé avec succès les bêtes à laine d'Afrique et d'Espagne : dès le temps de *Pline* et de *Virgile*, les laines de cette dernière contrée avoient de la réputation. Le *mérinos*, qui est la race pure d'Espagne, est-il originaire d'Angleterre? Ou, la race angloise est-elle le résultat d'une espèce croisée avec le *mérinos?* Cette question a été discutée par la *Société Biscayenne des Amis du pays* (3), par *Nelis* (4), par *Alstrom* (5), et par notre collègue *Lasteyrie* (6), qui, en ce moment, visite de nouveau l'Espagne avec le zèle et le tact d'un homme exercé dans les objets d'économie rurale. Ce problême historique sera l'objet d'un mémoire particulier de notre collègue *Huzard* (7).

Il est probable que les troupeaux furent transhumans, c'est-à-dire errans, dès la naissance de l'art pastoral. Leurs courses furent restreintes par la circonscription des propriétés dans les contrées populeuses : il faut en excepter l'Espagne, où les troupeaux transhumans devinrent communs vers la fin du quatorzième siècle, de-là naquit la *Mesta* (8).

La *Mesta*, espèce d'État dans l'État, est une confédération des propriétaires de grands troupeaux contre les propriétaires de terres. Cette corporation de bergers est composée de grands seigneurs et de moines opulens : c'est la ligue des forts

(1) *Theatro critico, etc.*

(2) *Discurso del Pan y del Vino, etc.*

(3) *Ensayo de la Sociedad Bascongada de los Amigos del pais. Vitoria*, 1768, in-8°.

(4) *Mémoire sur les Vigognes*, dans les *Mémoires de l'Académie de Bruxelles*, tome I.

(5) *Essai historique et politique sur la race des Brebis à laine fine, tiré du suédois. Saarbruck*, 1774, in-8°.

(6) *Traité sur les Bêtes à laine d'Espagne. Paris, an VII*, in-8°.

(7) La bienveillance avec laquelle il communique les livres rares de sa bibliothèque vétérinaire, la plus complète peut-être qui ait jamais existé, y ajoute un nouveau prix. Cette bibliothèque contient de quoi faire un ample supplément à celles de *Haller, Lastri, Amoreux, Boehmer*, etc.

(8) Le mot *transhumant* ne se trouve dans aucun de nos Dictionnaires. Les Provençaux l'ont tiré de deux mots latins, *trans* et *humus*, pour exprimer le passage des bêtes à laine d'une terre dans une autre. Les Espagnols disent *trashumante*. Le mot *mesta* est analogue à l'espagnol, *mestal*, qui signifie terre aride et inculte, résultat nécessaire du parcours illimité des troupeaux.

contre les foibles, qui ramène de droit ceux-ci à la défense naturelle, quand la loi est impuissante ou torsionnaire.

En 1490, un édit promulgué à Cordoue avoit permis de clorre les terres. Sans doute on avoit déjà entrevu ce qu'a dit *Pattullo*, long-temps après : *Un champ clos vaut le double d'un autre.* Les propriétaires de grands troupeaux jetèrent de hauts cris, et l'exécution de la loi paroît avoir été bornée au territoire de Grenade.

Les bergers acquirent une telle prépondérance, qu'en 1499 la reine de Portugal leur envoya, dit *Alstrom* (1), des ambassadeurs, pour leur proposer la cession des pâturages sur ses terres, moyennant une redevance. La tyrannie de cette corporation, qui, depuis des siècles, pèse sur l'Espagne, s'est accrue spécialement depuis le seizième. Il y a une quarantaine d'années que le Gouvernement voulut remédier au mal. *Campomanes*, mort il y a deux ans, fut chargé de recueillir les plaintes qui éclatoient de toutes parts; et quelle fut l'issue de cette affaire ? Le bon sens et la nature avoient prononcé ; mais la justice fut contrainte de se taire devant la puissance. Les actes de cette discussion sont consignés dans sa *Concordia de la Mesta*, ouvrage qui attestera à jamais le patriotisme de l'auteur et les vexations exercées par une minorité puissante qui opprime la nation (2). *Campomanes* y démontre que la transhumation est une erreur d'économie politique ; que les lois de la *Mesta* étant funestes à la culture, le sont à la population; et que ces lois étant contraires au droit naturel, puisqu'elles privent le peuple de ses propriétés, de ses pâturages et de sa liberté, par-là même elles sont frappées de nullité.

Ces vérités ont été reproduites avec force, par le célèbre *Jovellanos*, dans un ouvrage où, avec autant de modestie que de talent, il développe les obstacles qui s'opposent aux progrès de l'agriculture dans son pays (3). Il observe que les sciences exactes ont perfectionné leurs instrumens, tandis que l'agriculture ne peut se glorifier d'un pareil avantage. On conçoit que les majorats, les substitutions, la facilité d'amortir les terres, de les mettre entre les mains des moines, ne pouvoient échapper à la censure. Devoit-on lui en faire un crime? Son avis est celui de tous les hommes instruits qui ont traité cette matière; tels que *Vincent Perez* (4), *Quintero* (5), etc. : c'étoit l'avis des assemblées nationales du seizième siècle ; plusieurs fois elles avoient renouvelé les dispositions des *Cortes* antérieurs et des rois qui, depuis long-temps, avoient tâché de fortifier la politique contre la prodigalité d'une dévotion mal entendue.

De 1558 à 1699, diverses lois avoient fixé en Espagne le prix des grains; ces lois eussent été inutiles, si l'on eût affranchi ou aggrandi la navigation

(1) *Essai historique, etc.*, page 26 et suivantes.

(2) *Memorial ajustado del expediente de Concordia que trata el honrado Concejo de la Mesta, con la diputacion general del reyno y provincia de Extremadura, etc. Madrid*, 1783, 2 vol. in-fol.

(3) *Informe de la Sociedad Economica de esta Corte, al real y supremo Consejo de Castilla en el expediente de ley agraria. Madrid*, 1794, in-4°.

(4) *Discursos politicos sobre los Estragos que causan los censos, etc. Madrid*, 1766, in-12. Voyez sur-tout page 262 et suivantes.

(5) *Pensiamentos, etc.*, page 132 et suivantes.

intérieure, comme le conseilloit *Bails* (1). *Jovellanos,* qui insiste sur ce moyen, observe que les blés de la Beauce et de l'Orléanois, très-éloignés de la mer, arrivent à Cadix avec l'économie de cent pour cent, comparativement à ceux de Palencia, éloigné seulement de vingt myriamètres de Santander. Pour avoir combattu des abus et des préjugés désastreux, quel a été le sort de *Jovellanos ?* Sorti de la carrière ministérielle, où il portoit des lumières et de la droiture, assiégé de calomnies, livré à l'Inquisition, il a été relégué dans une chartreuse, à Mayorque. Vainement, par sa lettre au roi, du 8 octobre 1801, il expose qu'attenter à la liberté d'un innocent, c'est menacer celle de tous les autres; il demande qu'on le juge, qu'au moins on lui dise de quoi il est accusé : ce cri de la vertu est regardé comme un nouveau crime. Le triste appanage des amis de l'humanité est-il donc d'être tourmentés pendant leur vie! Souvent la justice tardive ne reparoît que sur leur tombe, et des éloges posthumes ne leur rendent pas la vie. Un jour luira ! ce jour de la justice présentera *Jovellanos*, mort ou vivant, à l'estime de son pays, dont il a voulu opérer le bien, tandis que le tribunal dont l'existence calomnie la religion et déshonore l'Espagne, sera voué à l'exécration publique avec les hommes dont il est l'instrument et l'organe.

Portugal.

Le Portugal, souvent considéré comme un satellite attaché au sort d'un plus grand astre, suivit long-temps l'impulsion de l'Espagne. *Mello,* écrivain Portugais, assure que ses compatriotes furent toujours de soigneux cultivateurs (2). L'auteur d'un mémoire inséré dans ceux de l'Académie des sciences de Lisbonne, sur l'histoire de l'agriculture de Portugal, se plaint que les faits lui manquent (3); il désire que, pour remplir cette lacune, on compulse les archives de la *Torre di Tombo.* Il a cependant recueilli assez de documens pour combattre l'assertion exagérée de *Mello.*

L'agriculture avoit été encouragée en Portugal, au quatorzième siècle, par Denis I et Sanche I, honorés l'un et l'autre du titre de *rois laboureurs.* Même éloge est dû à la reine sainte Élisabeth, qui s'occupoit d'élever et de marier les filles des cultivateurs pauvres.

Sous Jean II, l'agriculture fit une conquête, par l'introduction du mays, nommé *grosso de maça-roca,* qui, semé d'abord à Coimbre, puis à Beira, se répandit dans tout le royaume, où il fait une grande partie de la nourriture du peuple.

Mais depuis Vasco de Gama, le goût de la navigation, les fausses idées de gloire, la soif de l'or, le luxe Asiatique, firent négliger l'agriculture; on ne rêvoit plus que découvertes. Le pays s'affoiblit encore par l'expulsion des Juifs, la multiplication des moines, et le passage d'un nombre incroyable de Portugais, avec les Espagnols, en Flandre, pour y faire la guerre ou s'établir.

Alors les étrangers s'emparèrent du commerce du Portugal, achetèrent ses soies, mirent leurs troupeaux dans ses pâturages, et le rendirent tributaire.

(1) *Élémens de Mathématiques,* tome IX.

(2) *Institutionum Juris civilis Lusitani, lib. III. Olysippone,* 1800, in-4°. l. I, c. VII.

(3) *Memorias de Litteratura Portugueza, publicadas per la Academia real das Sciencias. Lisboa,* 1792, in-4°., tome II.

L'abus fit chercher le remède; de-là naquirent plusieurs lois, émanées de rois assez ignorans pour croire que tout se fait par des règlemens, tandis que les hommes soumis à l'empire de l'éducation, de l'opinion, de l'habitude, sont presqu'entièrement gouvernés par elles.

Un édit de 1504, rapporté par *Duarte Nunès de Leaõ*, dans sa collection des *Extravagantes* (1), ordonne de nettoyer les champs ensemencés, d'en arracher les mauvaises herbes : si la famille est insuffisante, le chef aura recours à d'autres personnes; s'il tombe de la pluie, ou des brouillards sans vent, il ira chaque matin avec son fils ou son serviteur, au moyen d'une corde dont chacun tiendra un bout, secouer l'humidité répandue sur la fane, sinon il sera amendé de quatre mille reis par muid de semence, ce qui revient à environ vingt-cinq francs de notre monnoie.

En 1521, le roi Emmanuel fit une ordonnance, portant que tout homme de travail surpris au jeu, un jour ouvrable, payeroit cinq cent reis de cadea, (environ trois francs). En 1527, Jean III condamna aux peines suivantes quiconque exportera des troupeaux de Portugal : s'il est *peaõ* (prolétaire), il sera fouetté avec cri public, exposé au pilori, disloqué d'un pied, déporté à l'île Saint-Thomas, et tous ses biens seront saisis; s'il est *hidalgo* (gentilhomme), il perdra tous ses biens et subira un exil de sept ans en Afrique (2).

En 1564, une loi renouvelle l'ordre de nettoyer les champs ensemencés, c'est-à-dire, de faire par devoir ce que précédemment on faisoit par goût.

Vers cette époque on perdit encore deux branches importantes : les soies d'Orient firent négliger les mûriers, et le sucre des îles fit négliger l'éducation des abeilles, non seulement en Portugal, mais dans presque toute l'Europe.

La décadence de l'agriculture en Portugal, aux seizième et dix-septième siècles, s'accrut dans une progression alarmante. Il est à remarquer qu'on en trouve des preuves jusques dans le dictionnaire de la langue. Diverses espèces d'arbres et de légumes cultivés par les Maures, et qui l'ont été de même par les Portugais, puisqu'ils ont des noms propres dans les auteurs des quatorzième et quinzième siècles, n'existent plus en Portugal : de ce nombre sont, le pistachier, et le almixa des Maures (*cordia myxa* des botanistes), qui donne le sebeste.

Parmi les causes qui conduisirent à cet état de dégénération les vainqueurs de l'Inde, on assigne spécialement les suivantes, comme ayant agi avec plus de force : 1°. l'Inquisition, établie en 1539; 2°. le système réglementaire, pour taxer les produits les plus importans de la terre; 3°. les chasses royales; 4°. les lois sur la remonte de la cavalerie et les haras.

1°. Dans la loi de 1774, qui donne à l'Inquisition une nouvelle forme, le roi Joseph annonce, d'après l'examen des archives, que, dans l'espace de deux siècles, l'Inquisition avoit brûlé plus de quinze cent victimes, et confisqué les biens de plus de vingt-trois mille familles. Le plus grand nombre de ces horreurs appartiennent sans doute au seizième siècle, qui est le premier de ce tribunal : or, il faut remarquer que ceux qui sortoient de l'Inquisition, absous, après bien

(1) *Leis Extravagantes, collegidas y relatadas pelo Duarte, etc. Lisboa*, 1569, in-fol.

(2) *Memorias de Litteratura Portugueza, etc.*, tome II, pages 31 et 32.

des années de prison, étoient à-peu-près également ruinés, comme ceux dont elle confisquoit les biens ; par conséquent, on est loin de l'exagération, en supposant vingt-trois mille autres familles ruinées. Ce fléau n'étoit pas réparti avec égalité sur tout le royaume ; mais il tomboit tantôt sur une ville, tantôt sur une autre, en laissant des traces profondes de dévastation. En 1785, on montroit encore aux voyageurs, dans les villes d'Avis et de Souzel, les preuves existantes des ravages que l'Inquisition y avoit commis trente ans auparavant : des rues entières étoient désertes, les maisons ruinées ; et de vastes terreins, dans les campagnes fertiles, étoient couverts de buissons et de ronces.

Ces désordres en amenèrent un autre, fatal à l'agriculture. Les mahométans ont une institution qu'ils appellent *vakouf ;* elle consiste à substituer des biens qui restent toujours hypothéqués à une mosquée, ou fondation pieuse, pour le payement d'une somme annuelle : les descendans du substituteur les administrent, et jouissent du surplus de revenu ; à l'extinction de la famille, la mosquée s'en empare, et le souverain en donne l'administration à une autre famille. Ces biens ne peuvent pas être aliénés, et s'ils le sont, ils peuvent être repris. Cette institution mahométane s'est perpétuée en Portugal, où les premiers rois la sanctifièrent, en donnant aux élgises ce qui appartenoit aux mosquées.

Une loi fameuse de Jean III, ordonna que de telles fondations, une fois acceptées par l'église, subsisteroient, quand même on prouveroit qu'elles sont instituées pour frauder les créanciers de l'instituteur. Or, du temps des ravages de l'Inquisition, les propriétaires trouvèrent que c'étoit l'unique moyen de conserver des biens dans leurs familles, malgré le saint Office. Insensiblement tout le royaume fut rempli de *capellas,* ainsi nomme-t-on ces substitutions ; la circulation des biens-fonds devint nulle, et l'agriculture en souffrit horriblement. Le marquis de Pombal, au grand chagrin du clergé, fit abolir légalement toutes ces substitutions dont le revenu net seroit moindre de douze cent cinquante francs. Les résultats de cette loi, qui n'exista que quatre à cinq ans, ont été très-heureux. A la mort du roi Joseph, une des premières sollicitudes du légat Muti Bussi fut de faire abolir cette loi ; mais il ne l'obtint qu'en partie. Il est dit dans le préambule, que les messes payées au clergé par ces substitutions étoient si nombreuses, que, d'après un calcul rigoureux, si tous les individus mâles du Portugal étoient prêtres, en disant la messe tous les jours, ils ne pourroient pas encore atteindre au nombre requis. L'honoraire de ces messes étoit un impôt de plus sur l'agriculture.

2°. Le système réglementaire du prix des denrées de première nécessité a été une manie dans plusieurs contrées de l'Europe, à l'époque dont nous parlons ; mais, par des circonstances particulières, il n'a été peut-être nulle part si fatal qu'en Portugal. Dans le quinzième siècle et très-avant dans le seizième, une grande partie des États de Fez et de Maroc étant soumis au Portugal, y entretenoient l'abondance, et même fournissoient de quoi faire un commerce de blé avec l'étranger ; ces provinces africaines furent abandonnées et perdues, pour courir après les richesses de l'Inde. La disette se fit sentir dans les provinces portugaises de l'Europe, qui, à l'exception de l'Alentejo, ne sont pas généralement bien fertiles.

On crut remédier à la cherté, en faisant des maximum; on voulut que personne n'achetât des denrées de première nécessité pour les revendre. Des règlemens insensés en enfantèrent d'autres, qui l'étoient encore davantage; le commerce intérieur fut anéanti, et l'agriculture en souffrit horriblement. Toute cette période fourmille de lois de cette nature. Citons-en deux, assez étranges, de la minorité du roi Sébastien. Par la première, il est défendu d'acheter plus de blé ou de pain, que ce qui est prouvé être nécessaire à la consommation de la famille; l'autre loi, très-solemnelle, que le même roi fit insérer dans la collection rédigée d'après ses ordres, par le juge *Duarte Nunez de Leaõ*, porte que tout homme qui a acheté du blé, de l'huile, etc., pour les revendre, sera condamné à une amende double du prix, et à deux années de déportation à la côte d'Afrique. Peu-à-peu le roi se vit obligé à permettre que l'on pût acheter ces objets pour les revendre dans le territoire d'une autre municipalité, mais de l'aveu des deux municipalités, et en les revendant sous trente jours, avec un profit dont la loi établit le maximum.

3°. Les lois rigoureuses sur les chasses royales sont de cette période. Le roi Sébastien établit les juges privatifs des chasses; et, ce qui est singulier, l'autorité du grand-veneur a été fixée, mais non limitée, par Philippe III, qui ne résidoit pas en Portugal. C'étoit vraisemblablement un moyen de s'attacher quelques familles nobles qui jouissoient de ces chasses pendant l'absence du prince.

4°. Quand les Portugais possédoient leurs provinces de la Mauritanie, ils étoient riches en beaux chevaux. La perte de ces provinces, et la défense toujours subsistante, en Espagne, d'exporter des chevaux, fit faire des lois qui obligent tout agriculteur, et plusieurs réunis, s'ils ne sont pas riches, à entretenir une jument pour les étalons du roi, et à élever des poulains, qui, ayant les qualités requises, sont achetés par le roi à un prix trop peu considérable pour les dédommager. La noblesse et le clergé, c'est-à-dire les plus riches propriétaires trouvèrent peu-à-peu le moyen de jeter leur quote-part sur le tiers-état. L'oppression étoit insupportable. Le roi Joseph y a porté quelque remède, en déclarant que cette obligation est territoriale, non personnelle; par conséquent, quel que soit le possesseur, le fardeau est également réparti sur la valeur de toutes les terres du royaume.

La période que nous venons de parcourir ne présente qu'une foule de règlemens dont on peut oublier les dispositions, mais dont on a une juste idée, en se rappelant qu'ils étoient absurdes et que les cultivateurs étoient opprimés (1).

Cependant, il ne faut pas croire qu'il n'y ait eu que des abus dans les anciens règlemens des peuples, qui paroissent les plus mal gouvernés: il y avoit en Portugal la loi de la *Sacca;* c'étoit une espèce de droit de commutation, excellent statut de commerce, qui obligeoit les étrangers, lorsqu'ils vouloient porter des marchandises à Lisbonne, à en enlever la valeur, par estimation, en denrées du cru du pays, ou marchandises portugaises. Pour remplir la condition

(1) Je dois, en partie, l'article qui concerne le Portugal, au savant *Correa*, ancien secrétaire de l'Académie de Lisbonne. C'est l'homme qui a le plus approfondi l'histoire de son pays, dont il a publié une foule de monumens. Sa complaisance égale ses talens.

que

que fixoit la *Sacca*, on accordoit un an de terme à ceux qui recevoient des marchandises étrangères, sans aucunes formalités, ni recherches gênantes. Cet usage ancien subsistoit, à ce qu'il paroît, en 1723. On voit que, cette année, on permit d'importer de la bière à Lisbonne, pourvu qu'on fît sortir des vins de Portugal, dans la proportion de l'entrée de la bière; mais des précautions si sages ne sont plus observées. Par le traité de Methuen, le Portugal s'est mis à la discrétion du Gouvernement anglois. Voilà la principale cause de la décadence rapide qu'a éprouvée l'agriculture dans ces belles contrées de l'antique Lusitanie.

Turquie.

On a vu les Maures en Portugal, en Espagne, cultiver les sciences et les arts; par-tout ailleurs l'islamisme fut escorté de l'ignorance. Dans ces brillantes contrées de la Grèce, il refoule, pour ainsi dire, au sein de la terre, les productions spontanées de la nature.

Les auteurs gardent le silence sur l'état de l'agriculture dans la Turquie d'Europe au seizième siècle. *Belon*, qui alors la visita, se borne à nous vanter le goût des Turcs pour les fleurs, et leur habileté dans le jardinage (1), ce qui ne signifie pas toutefois que parmi les bostangis on trouve des *de la Quintinye*.

Chez les Grecs modernes, une routine, quelquefois assez bonne, préside aux travaux rustiques. Dans l'Attique, et particulièrement au mont Hymète, dont le miel conserve sa réputation, *Félix Beaujour* compte environ douze mille ruches. D'après un règlement de Soliman II, mort en 1566, règlement qui est en vigueur dans plusieurs provinces, les mouches à miel ne sont pas confiscables pour payement d'impôts.

Les Grecs continuent à faire usage de ruches cylindriques en terre cuite, et forment, comme leurs ancêtres, de nouveaux essaims, en substituant aux vieilles ruches, pendant que les abeilles sont à la picorée, une ruche nouvelle qu'ils garnissent de quelques rayons et qu'ils frottent avec des feuilles vertes de mélisse. Trompées par la ressemblance, les mouches, au retour des champs, entrent dans cette habitation nouvelle (2).

Mais la routine repousse toute innovation: les Grecs n'ont pas encore adopté la bêche, ils se servent de la houe; dans l'Attique, ils continuent à gauler les oliviers pour faire tomber le fruit, opération qui le meurtrit et qui endommage les rameaux (3); et l'on n'a pu, jusqu'ici, les engager à se servir de la garance fraîche, ce qui épargne la moitié des racines, sans que la teinture soit moins nourrie (4).

Les Grecs de l'Archipel, moins exposés aux avanies et aux actes arbitraires

(1) *Les Observations de plusieurs Singularitez et Choses mémorables trouvées en Grèce, Asie, etc. Paris*, 1553, in-4°., liv. III, chap. LI.

(2) *Tableau du Commerce de la Grèce. Paris, an VIII*, in-8°., tom. I, pag. 158 et suiv.

(3) On a reproché avec raison, à *Roucher*, d'avoir vanté cette opération dans son poëme des Mois:

> Que le bâton bruyant frappe à coup redoublé,
> Et qu'en tous ses rameaux l'arbre soit ébranlé.
>
> (Chant IX, page 146, in-4°.)

(4) *Tableau du Commerce de la Grèce*, tome I, pages 185, 217 et 241.

par lesquels on fixe le prix des grains, tirent parti de leurs terres, sur-tout à Scio, à Naxos; mais il faut en excepter l'île de Crète, où les laboureurs sont tourmentés et découragés. Notre collègue *Olivier*, qui a donné des observations curieuses sur cet objet, regrette qu'ils n'ayent pas la pomme de terre, que peut-être ne leur envieroit pas l'avide musulman (1). Leur agriculture est donc une connoissance traditionnelle sur laquelle ils n'ont rien d'écrit; on n'a que l'ouvrage en grec vulgaire, du moine *Agapius*, publié il y a plus de cent cinquante ans, qui a copié les Anciens sur l'art de planter et de greffer (2). Notre collègue *Ameilhon* se propose d'en donner une notice.

Hongrie.

Qu'importe d'avoir pour maître un pacha ou un magnat, si l'on est asservi? Le régime féodal exerçoit en Hongrie toute sa force au seizième siècle. On voit dans la collection des lois de ce pays, à quoi se bornoient les droits des laboureurs, à l'exemption des travaux gratuits pendant la moisson et la vendange (3). La défense de quitter la Hongrie atteste que l'oppression pesoit sur eux.

Cet état de choses est un peu modifié depuis que les lumières y ont pénétré : l'école d'économie établie récemment à Keszlhely, dans le comtat de Tzalader, par le comte *George Festetil* (4), les *Élémens d'agriculture*, publiés par *Mitterpacher*, à l'usage des écoles hongroises (5), sont des monumens honorables pour les auteurs et utiles pour leurs concitoyens.

Mais que pouvoit être l'agriculture, dans un pays où actuellement encore elle est si peu avancée? La plus grande partie des terres n'y reçoivent pas d'engrais : les habitans prétendent que leur sol est assez riche; et par une contradiction étrange, ils le laissent reposer tous les trois ans (6).

Nicolas Olaus, qui écrivoit au seizième siècle, faisant l'énumération des vins fins de Hongrie, ne mentionne pas le Tokai, sur lequel, en 1744, *Matolai de Zolna* publia une dissertation curieuse (7). Cet écrivain, qui étoit Hongrois, nous apprend que, depuis 1566 à 1605, les vignes de son pays furent souvent ravagées par la guerre et par l'intempérie des saisons. On ne citoit alors que le vin de Sirmich: on n'a parlé, dit-il, du Tokai, que depuis l'extinction de la race des rois de Hongrie. *Townson* fixe au temps de Ragotzki l'époque à laquelle ce vin obtint de la célébrité (8).

(1) *Voyage dans l'Empire Othoman*, etc. *Paris*, *an IX*, in-4°., tome I, page 413.

(2) Βιϐλίον καλλώπιμον ΓΕΩΠΟΝΙΚΟΝ, εἰς τὸ ὁποῖον περιέχονται Ἑρμηνείαις θαυμασιώταταις, πῶς κεντρώνονται, etc. Ἐνετίησιν, 1745, in-8°. C'est une édition nouvelle de cet ouvrage, qui est mentionné plusieurs fois par *du Cange*, dans le *Glossarium infimæ græcitatis*.

(3) *Jus Hungaricum*, tom. II, pag. 329.

(4) *Magazin encyclopédique*, N°. V, an XI.

(5) *Rei Rusticæ Elementa, in usum Academiarum regni Hungariæ conscripta. Budæ*, 1777, 2 vol. in-8°.

(6) *Travels in Hungary*, *by R. Townson. London*, 1797, in-4°., pag. 230.

(7) *Disquisitio physico-medica de Vini Tokaiensis Culturâ*, *Indole*, *etc.*, dans les *Acta physico-medica Academiæ Cæsareæ*, etc. *Norimbergæ*, 1744, in-4°., tom. VII, *Appendix*.

(8) *Travels in Hungary*, *etc.*, pag. 262. — Voyez encore ci-après la note (99) du troisième Lieu, page 360 et suivantes.

Pologne.

L'amour de la patrie est un sentiment si louable, qu'on peut lui pardonner quelques exagérations : ainsi, *Staravolscius*, écrivain Polonois, prétend que la Pologne a tout, excepté la soie, les aromates et le vin : elle tire ce dernier article de la Hongrie. Il y a vers Sandomir quelques vignes dont parle *Sarniky*. (1). Dans la petite Pologne, on trouve aussi des raisins assez bons ; mais *Cromer* avoue qu'on n'en tiroit qu'un vin de mauvaise qualité (2).

Depuis plusieurs siècles, la Pologne et les pays qui en dépendoient, produisent abondamment du miel, du chanvre, du blé, du lin, des fruits et des arbres d'une grosseur prodigieuse ; de riches troupeaux y couvrent de gras pâturages, au milieu desquels on aperçoit à peine, dit *Rzaczynski*, les cornes des bœufs (3). On peut renvoyer aux ouvrages de cet écrivain pour connoître les productions de cette Ukraine où le cardinal *Commendon* trouva, au seizième siècle, des Juifs cultivant la terre et dont le travail n'étoit pas avili par l'usure (4) ; de cette Lithuanie si fertile, qu'on croiroit, dit le même *Rzaczynski*, que Cérès y est née ; de cette Pologne, qu'il appelle l'Égypte de l'Europe. Le terrein y est si gras que souvent on brûle les pailles pour s'en débarrasser. Veut-on cultiver un sol couvert de halliers ou de genêts ? On y répand de la paille en abondance, puis on y met le feu.

Dans les temps de disette, l'Europe tourne ses regards vers la Pologne, où l'abondance est permanente, et qui a la facilité des transports par la voie de Dantzick, Kœnigsberg, Memel et Riga : de-là s'expédient des bâtimens chargés de blé, pour les contrées qui en manquent. En 1392, on compta à Dantzick trois cent navires de France et d'Angleterre, et tous eurent cargaison complète. En 1565, les greniers de cette ville étant remplis, on déposa l'excédent dans les maisons des citoyens. Tantôt (en 1415) l'empereur et le patriarche de Constantinople réclament les secours de la Pologne ; tantôt (en 1590) elle nourrit Gênes, Rome et la Toscane. L'histoire nous apprend qu'en 1626 l'ambassadeur d'Espagne voulut acheter, de la part de son Gouvernement, tous les blés du pays. À cette contrée favorisée du ciel, habitée par des hommes braves, et sur laquelle à jamais planera le génie du vertueux *Kosciusko*, il ne manquoit que la liberté. On lui a arraché même l'existence politique, et l'on a tenté d'effacer ses enfans de la liste des Nations.

Allemagne.

D'immenses forêts couvroient l'Helvétie et la Germanie ; l'accroissement de la population y multiplia les défrichemens, et les hommes demandèrent à la

(1) *Descriptio Poloniæ veteris et novæ. Lipsiæ*, 1712, in-fol.

(2) *Poloniæ, sive de Situ, Populis, Moribus, Magistratibus et Republicâ regni Poloniæ. Coloniæ*, 1578, in-4°., lib. I, pag. 21.

(3) *Historia Naturalis curiosa regni Poloniæ, etc. Sandomiriæ*, 1721, in-4°. — *Auctuarium Historiæ Naturalis regni Poloniæ. Gedani*, 1736, in-4°.

(4) *De Vitâ Joannis Commendoni, libri IV, editi curante Rogesio Kakia (Gratiani). Parisiis*, 1667, in-4°.

terre leur subsistance. Au septième siècle, les Bohémiens tirèrent de la charrue leur duc Primislas ; le champ qu'il cultivoit se nomme encore *le champ du roi.*

Par-tout où vous trouvez une république, là certainement fleurit l'agriculture ; et jamais la terre humectée des larmes d'un esclave ne prodiguera ses dons comme lorsqu'elle est arrosée des sueurs de l'homme libre. C'est la liberté qui, chez ces respectables Helvétiens, fertilisa des rochers, fit croître des moissons à côté des glaciers, et planta des arbres à fruits sur les flancs escarpés du Saint-Gothard. Au seizième siècle, l'agriculture qui, jusques-là, en Suisse, n'avoit été qu'un art, monte au rang des sciences par les soins des *Bauhins*, originaires de France, de *T. Zwinger* (1), de *Conrad Gesner*, qui a composé un ouvrage sur le lait et les laiteries (2).

C'est encore l'avantage inestimable de la liberté, qui, autour des villes Anséatiques, appela et fit fleurir l'agriculture. D'ailleurs, ces cités commerçantes ayant des rapports avec les régions étrangères, en rapportèrent des graines, des plantes, et l'art de les cultiver.

Après l'écriture, l'invention la plus belle est l'imprimerie, et grâces à ce bel art, qui n'eut pas d'enfance, plus de cinquante ouvrages géoponiques, originaux ou traduits, anonymes ou avec noms d'auteurs, plusieurs concernant les Jardins, les uns pour les célébrer, les autres pour en décrire la culture, furent publiés en Allemagne, dans les seizième et dix-septième siècles. Tels sont entre autres, les traductions des agriculteurs grecs et latins, par *Herzen;* celles de *Pierre de Crescens*, de *la Cueillette de la soie*, de notre Olivier de Serres ; les ouvrages de *Cognatus* (3), de *G. Marius* (4), de *J. Camerarius* (5), de *Voigts* (6), de *Donizer* (7), de *Moller* (8), de *Coler* (9), de *Seydeler* (10),

(1) *Methodus Rustica Catonis atque Varronis, etc. Basileæ*, 1576, in-8°.

(2) *Libellus de Lacte et Operibus Lactariis, etc. Tiguri*, 1541, in-8°.

(3) *De Hortorum Laudibus. Basileæ*, 1546.

(4) *Paralipomena et marginalia Hortulanica : das ist, Gartenkunst zum Feldbau angehorig, etc. Strasburg*, 1568, in-fol.

(5) Ἐκλεκτα γεώργικα, *sive Opuscula quædam de Re Rusticâ, partìm collecta, partìm composita, etc. Norimbergæ*, 1596, in-8°. La première édition est de Nuremberg, 1577, in-4°. C'est à tort que *Haller* (*Bibliotheca Botanica*, tom. I, pag. 271) en indique une de 1539, in-8°., aussi à Nuremberg, et qu'il attribue cet ouvrage à *J. Camerarius* le père : il est du fils, qui portoit le même prénom, et qui est né en 1534. Le titre de l'édition de 1577, que ne cite point *Haller*, et la souscription de l'épître dédicatoire, ne laissent aucun doute à cet égard : on lit, *à D. Joachimo J. F. Camerario, medico Noribergensi ;* ce qui étoit nécessaire alors pour qu'on n'attribuât point cet ouvrage à *Camerarius* le père, qui n'étoit mort que depuis peu d'années (1574), et ce qui n'a point été répété dans l'édition in-8°. de 1596.

(6) *Pflanzbüchlein. Breslau*, 1541.

(7) *De Stirpium Culturâ. Francofurti*, 1547, in-8°.

(8) *Winterfeldbau, wie das feld im Herbst am bequemsten zu bestellen. Leipzig*, 1583, in-4°. On voit par les dates des ouvrages cités, que *Moller* n'est pas, comme le dit *Rè*, le premier qui ait donné des préceptes agraires en allemand.

(9) *Oekonomie-oder Haussbuch. Wittoberg*, 1593 — 1612, 6 vol. in-4°. Les ouvrages de cet auteur, long-temps classiques en Allemagne, ont été réimprimés un grand nombre de fois, in-4°. et in-fol. Il a donné aussi : *De Bombyce Dissertatio. Giessæ Hassorum*, 1665, in-4°.

(10) *Neues Gartenbüchlein. Dresden*, 1596.

d'*Iunghanssen* (1), de *Knaben* (2), de *Dümler* (3), de *Stengelius* (4), etc.

L'histoire s'arrête avec complaisance sur *Heresbach*, né en 1509, dans le duché de Clèves, mort en 1576. Il est à remarquer que chacune des principales Nations de l'Europe, à-peu-près vers le même temps, a produit un écrivain géoponique devenu classique pour son pays. *Heresbach* s'exerça sur des sujets historiques et politiques. Il fit, entre autres, un ouvrage sur l'éducation des princes (5); et quoiqu'il fût conseiller de celui de Juliers, il veut dans un État, des corps intermédiaires qui, tempérant la puissance, en règlent l'exercice, et sur-tout des lois dont la religieuse observation exclut l'arbitraire. Mais ici nous envisageons *Heresbach* comme le *Herrera*, le *Gallo*, le *Hartlib*, l'OLIVIER DE SERRES des Allemands : c'est le rang que lui assure son ouvrage sur l'art rural, réimprimé plusieurs fois (6). Il emprunta beaucoup des Anciens, mais à leurs préceptes il joignit son expérience, car il étoit cultivateur, et le séjour de la campagne lui a inspiré des réflexions très-sensées sur *la misère splendide des courtisans* : ce sont ses expressions.

Lauremberg, de Rostock, qui vint quelque temps après, écrivit sur la culture des Jardins (7). Au lieu de prouver que Jehova fut le premier jardinier, que les plantes ont une ame végétative et non sensitive, il auroit pu s'étendre davantage sur les détails analogues à l'objet de son ouvrage, qui d'ailleurs est curieux et enrichi de belles gravures des instrumens aratoires, par *Mathias Mérian*.

Auguste I, électeur de Saxe, contemporain de *Lauremberg*, publia en 1636, sur la culture des Vergers, un ouvrage qui est encore lu avec fruit (8). La qualité de prince seroit oubliée, ou tout au plus recueillie sur une tablette chronologique, celle de jardinier lui a donné une créance honorable sur la postérité.

L'Allemagne décerne de justes éloges à d'autres écrivains qui, dans le dix-septième siècle, ont traité avec succès les matières agronomiques : *J. J. Agricola*, plusieurs *Fischer*, *F. P. Florinus*, *Tuberanus*, *Thieme*, *Glorenze*, *Holyck*, *Hochberg*, etc. ; mais ils sont postérieurs à l'époque d'OLIVIER DE SERRES. Leurs noms, sans doute, seront rappelés avec distinction dans les ouvrages qui ajouteront à la célébrité de *J. Beckmann* (9), d'*Anton* (10) et de *Sickler*. Ce dernier, à qui je dois plusieurs indications

(1) *Neu Künstlich Obstgarteinbüchlein*. 1619.

(2) *Hortipomologium. Ein sehr liebreich und Auserlesen Obst-garten und Peltzbuch. Nürnberg*, 1621, 3 vol. in-4°.

(3) *Erneverter und vermehrter baum-und Obs-garten. Nürnberg*, 1644, in-8°.

(4) *Hortorum, Florum et Arborum Historia. Augustæ Vindelicorum*, 1647—1650, 2 vol. in-12.

(5) *De educandis erudiendisque Principum Liberis, deque Republicâ Christianâ administrandâ. Francofurti ad Mœnum*, 1570, in-8°.

(6) *Rei Rusticæ libri IV. Coloniæ*, 1571, in-8°. A la suite, est un traité, *De Venatione, Aucupio et Piscatione*.

(7) *Horticultura. Francofurti ad Mœnum*, 1631, in-4°. ; traduit en allemand, et imprimé à Nuremberg en 1671, in-8°.

(8) *Churfürstens Augusti zu Sachsen Obstgarteinbüchlein*. 1636.

(9) *Grundsætze der Teutschen Landwirthschaft. Gœttingen*, 1783, in-8°. — *Beytrage zur Geschichte der erfindungen. Leipzig*, 1786, 4 vol. in-8°.

(10) *Geschichte des Teutschen Landwirtschaft. Goerliz*, 1800, in-8°.

utiles, s'assure des droits à la reconnoissance publique par son *Histoire des Arbres fruitiers*, dont la partie imprimée va jusqu'à Charlemagne, et qu'il continue (1).

Les coteaux qui avoisinent le Rhin sont, depuis bien des siècles, couverts de vignobles dont les produits sont aussi abondans qu'estimés. *Heresbach* y ajoute ceux des bords du Necker, du Mein et du Danube; et *Crusius*, sous l'an 1583, décrit la fête des vignerons célébrée annuellement à Tubingen (2). Avant le seizième siècle, le vin de Baccharach étoit déjà recherché: l'empereur Charles IV l'aimoit beaucoup; Wenceslas, surnommé le Fainéant, hérita du goût de son père. Les villes impériales ayant été sommées de prêter serment à l'empereur Robert, son compétiteur à l'Empire, les habitans de Nuremberg s'y refusèrent; mais, pressés par les circonstances, ils écrivirent à Wenceslas, pour qu'il voulût bien y consentir, en lui offrant vingt mille pièces d'or. Des commettans qui demandent à leur mandataire permission de le congédier! cela est absurde; mais ce n'est pas de quoi il s'agit. Wenceslas accédant à leur vœu, refusa l'or, à condition toutefois qu'on lui enverroit quelques voitures du bon vin de Baccharach (3).

Des bords du Rhin, la vigne avoit été portée dans l'intérieur de l'Allemagne, et au commencement du seizième siècle il y en avoit dans l'électorat de Brandebourg (4).

Baccius mentionne les vins de Francfort-sur-l'Oder (5); il y joint une digression sur les réunions bachiques des Saxons, et il paroît s'être rencontré avec *Obsopœus*. Celui-ci regrette que la nature n'ait pas été envers eux plus prodigue de ses dons à cet égard, car ils les méritent: *digna mero gens* (6).

Il paroît même que, dès le quinzième siècle, la Prusse avoit des vignes, puisqu'en 1455 le grand-maître de l'Ordre Teutonique détruisit celles des environs de Culm. *Waisselius*, qui rapporte ce fait, nous apprend encore qu'en 1379 la maturité des fruits fut tellement précoce en Prusse, que la vendange étoit faite à la Saint-Barthélemi (24 Août) (7).

Autrefois, en Allemagne, les bergers étoient aussi vilipendés que chez les anciens Égyptiens. Ils étoient considérés comme le furent long-temps les *gahets* de Gascogne et les *cagoux* de Bretagne, puisqu'à une époque très-moderne (en 1747), dans le duché de Brunswick, on crut devoir faire un règlement contre ces préjugés invétérés: il porte que les bergers ne seront pas déshonorés à cause de leur état, et parce qu'ils dépouillent les brebis mortes; qu'à leur mort on leur donnera la sépulture selon le rit chrétien, et que leurs fils seront admissibles dans tous les corps de métiers.

(1) *Geschichte das Obscultur, etc.* 1802, in-8°.

(2) *Annalium Suevicarum. Francofurti*, 1596, in-fol., tom. II, part. III, lib. XII, cap. XXX, pag. 788.

(3) *Martini Schoockii liber de Cerevisiâ. Groningæ*, 1661, in-16, pag. 324.

(4) *Mémoires pour servir à l'histoire de la Maison de Brandebourg. Berlin*, 1789, in-8°., page 39.

(5) *De Naturali Vinorum Historiâ*, lib. VII, pag. 338.

(6) *De Arte Bibendi, libri III. Norimbergæ*, 1536, in-4°.

(7) *Historia Naturalis regni Poloniæ, etc.*, pag. 72.

Suède, Danemarck.

A mesure qu'on s'avance vers ces régions glacées où la nature, presque toujours dans la douleur, sourit rarement à ceux qui les habitent, on les voit déployer leur activité et lutter avec succès contre l'âpreté du climat.

Un des ouvrages les plus curieux concernant l'agriculture du Nord, à l'époque d'OLIVIER DE SERRES, est celui d'*Olaus Magnus*, archevêque d'Upsal (1). Au treizième livre, qui a pour objet l'agriculture, *Olaus* nous apprend que le millet, les pois chiches, les concombres, le melon, le cardon, avoient été long-temps inconnus dans ces pays; mais le froment fournissoit de riches moissons.

On faisoit sortir le grain des épis par le piétinement des chevaux; on le conservoit long-temps dans des caisses de bois de chêne; on y conservoit de même, pendant plusieurs années, la farine bien pressée. L'auteur entre dans quelques détails sur la panification. Il raconte qu'à la naissance d'un enfant, on faisoit une espèce de pain qui se conservoit sans putréfaction jusqu'à son mariage.

Gustave Vasa défendit l'exportation des grains de Suède : sans cela l'agriculture eût éprouvé des améliorations sensibles. Du reste, il la favorisa sur certains articles; mais son fils Eric XIV désorganisa tout.

Les cultivateurs s'aidoient réciproquement pour transporter les engrais; un repas d'amitié, dit *Olaus*, payoit cet acte de complaisance.

L'auteur donne des détails précieux sur les animaux domestiques, leurs qualités, leurs maladies. Un chapitre traite des rennes. Ici nous intercalons un fait puisé dans *Cateau* (2). Le premier règlement, en Danemarck, sur l'éducation des chevaux, est de l'an 1686.

Olaus rapporte une anecdote curieuse sur la détronisation de Christiern II, roi de Danemarck. Il avoit défendu aux Goths et aux Suédois l'usage des balistes, ou arbalètes, pour tuer les bêtes féroces qui dévoroient leurs troupeaux. Une inquisition tyrannique fit brûler beaucoup de balistes; mais aussi on en avoit caché beaucoup. La multiplication des animaux nuisibles porta le mal à son comble. Les laboureurs furieux se rassemblèrent au nombre de quarante mille, et, armés de balistes, ils chassèrent à travers les forêts de la Smaalande le roi et ses satellites. « Leur exemple, ajoute l'écrivain, est » une leçon à la postérité; il apprend aux hommes de l'avenir qu'en obéis» sant aux rois et aux princes, ils ne doivent pas se laisser dévorer, ni leurs » troupeaux, par les bêtes féroces. Que les princes, dit-il, soient en garde » contre les délateurs et les adulateurs, ils n'auront rien à craindre des arcs » ni des flèches (3). » Les insurrections, nommées improprement révoltes,

(1) *Historia de Gentibus Septentrionalibus, earumque diversis Statibus, Conditionibus*, etc. *Romæ*, 1555, in-fol.

(2) *Tableau des États Danois*, etc. *Paris*, 1802, in-8°., tome II, page 141.

(3) « *Documentum posteris præbentes, ut sic regibus et principibus obediant, ne se, atque proles, et jumenta sua bestiis permitterent devoranda. Caveant principes à delatoribus, adulatoribus, et susurronibus; et de arcubus, ac sagittis non erit formidandum.* » Lib. XVIII, cap. XIV.

ne sont communément que les résultats de la tyrannie ; les excès ont du moins l'avantage de rappeler aux peuples leurs imprescriptibles droits.

L'ouvrage contient des recettes pour préparer l'hydromel et la bière. Les Norvégiens aimoient beaucoup les vers dans le fromage ; quelques-uns de ces fromages étoient si durs, que leur écorce servoit de bouclier à la guerre. *Olaus* prétend que les Vestrogots l'emportoient sur tous les peuples dans la préparation des fromages ; ils en avoient de si gros, que le poids d'un seul excédoit presque les forces de deux hommes (1). *Misson* assure qu'à Parme on en a vu qui pesoient cinq cent livres (2). Je tiens d'un savant Danois, *Heiberg*, qu'à Tye, en Jutland, on en fait de cette énorme grosseur.

Autrefois, dans le Nord, c'étoient les femmes qui s'en occupoient ; les hommes n'avoient pas droit d'y assister. Quelque préjugé sans doute les excluoit de cette opération. Ce n'est pas le seul qui soit mentionné dans le livre d'*Olaus* : tel étoit l'usage de faire bénir par un prêtre le champ qui avoit été souillé de sang humain, afin de lui rendre sa première fertilité.

Les femmes même s'exerçoient à dompter les chevaux, car elles n'étoient pas étrangères aux travaux extérieurs, sans négliger les soins du ménage. L'auteur trace un tableau touchant de leurs occupations domestiques (3). Actuellement encore, en Suède, il n'est pas rare que des filles fassent le métier de postillon.

Olaus parle de maisons bâties avec des côtes de cétacées, et il en donne même la figure (4). Ainsi, au Helder, à la pointe de la Nord-Hollande, on employe les côtes de baleine non à bâtir, mais à clorre les héritages ; et, dans ce canton dénué d'arbres, elles servent encore de point d'appui aux bêtes à cornes pour se gratter.

Le jardinage s'est perfectionné en Prusse, et même plus avant dans le Nord, par les protestans François qu'avoit proscrits un roi bigot qui n'eut pas le courage de s'élever jusqu'à la piété. Une autre circonstance avoit favorisé l'hortolage en Danemarck : *Cateau* remarque que le goût d'Isabelle, épouse de Christiern, pour les légumes des Pays-Bas, sa patrie, fut cause qu'on en fit venir des jardiniers ; on leur céda l'île d'Amalk, voisine de Copenhague ; on leur accorda des privilèges dont leurs descendans continuent de jouir, en conservant le costume, les usages, la langue de leurs ancêtres (5) ; et même, sur quelques articles, ils sont encore gouvernés par les lois de la Frise.

N'oublions pas une circonstance qui a contribué à vivifier l'agriculture en Danemarck et en Suède : les paysans y jouissoient d'une existence politique ; dans les États-généraux de ces contrées, il y avoit l'ordre des laboureurs. Je remarque avec plaisir que, cependant, ils ne furent pas représentés en Danemarck, dans la fameuse assemblée de 1660, qui consacra le despotisme : du moins ils n'ont pas contribué à donner à leurs descendans des fers dont, à la vérité, le poids est allégé par la justice des gouvernans ou par l'ascendant de l'opinion.

(1) *Historia de Gentibus, etc.*, lib. XIII, cap. XLVI.

(2) *Voyage d'Italie. Paris*, 1743, in-12, tome III, page 177.

(3) *Historia de Gentibus, etc.*, lib. XV.

(4) *Ibid.*, lib. XXI, cap. XXIV.

(5) *Tableau des États Danois, etc.*, tome II, page 136.

La

La reconnoissance des laboureurs éleva un monument à *Bernstorf*: son neveu, mort depuis quelques années, et auquel les Danois doivent l'établissement d'une École vétérinaire, en a un autre dans le cœur des Nègres et de tous les amis de l'humanité; mais où placeront-ils le fils de ce dernier, s'il n'exécute pas la loi concernant l'abolition de la traite?

J'ai regret de n'avoir pu trouver l'ouvrage d'*Arent Berentsen*, sur la fertilité du Danemarck et de la Norvège (1), ni celui de *Chrétien Gartner*, concernant le jardinage de cette dernière contrée (2). *Pontoppidan*, qui les cite, n'indique pas l'état des connoissances agronomiques de la Norvège au seizième siècle; elles étoient probablement très-resserrées, puisque, en 1624, des étrangers venus à Sondenfield, enseignèrent aux paysans la manière de convertir leurs forêts en terres arables, et de les fertiliser avec des cendres (3).

La proportion entre la partie cultivée du pays et la partie inculte étoit, selon *Pontoppidan*, comme un à quatre-vingt. Si quelquefois la disette affligea la Norvège, d'autres fois la récolte fut abondante, au point qu'on put vendre un superflu d'orge et de seigle aux provinces limitrophes de la Suède (4).

Les îles Feroë jouissent également d'une certaine fertilité, puisque *Thomas Bartholin* y a vu cinquante épis issus d'un seul grain d'orge (5).

Pourrions-nous passer sous silence cette Islande qui, dans le moyen âge, devenue une république, avoit imposé à ceux de ses habitans qui voyageoient chez l'étranger, l'obligation de se présenter à leur retour devant le Magistrat, pour lui communiquer les observations applicables au bien de leur patrie?

Snorronius, Islandois, qui a publié un traité historique sur l'agriculture de cette île, établit, par des preuves incontestables, qu'au dixième siècle elle y étoit florissante. Après s'être soutenue jusqu'au quatorzième, elle déclina sensiblement par l'effet des émigrations, des guerres civiles et des maladies contagieuses. *Snorronius* indique la possibilité et les moyens de réparer ces désastres: un sol où la féve croît spontanément, ne se refuse pas à diverses cultures; il conseille, entre autres, celle du lin de Sibérie (6). *Horrebow* a donné de nouvelles preuves de la fertilité de cette île, où il a trouvé dans un état prospère le groseillier, le chou, le navet, les pois, etc. (7). D'ailleurs, le pays a des pâturages, puisque *von Troil* y a vu des paysans qui avoient de deux cents à quatre cents moutons (8): ces troupeaux passent l'hiver en plein air. L'Islande participera sans doute à l'impulsion donnée, dans les contrées du Nord, vers les établissemens utiles; elles sont les premières où l'enseignement de l'agriculture est devenu classique, et celles où l'on marche avec le plus de constance au bien général.

(1) *Danmarks oe Norgis fructbar Herlighed, etc. Kiobenhavn*, 1655, in-4°.

(2) *Underviisning, etc. Nidros.*, 1746, in-8°.

(3) *The Natural History of Norway, etc. London*, 1755, in-fol., pag. 104.

(4) *Ibid.*, et pag. suiv.

(5) *Ibid.*, pag. 100.

(6) *Tractatus historico-physicus de Agricultură Islandorum. Hauniæ*, 1757, in-8°.

(7) *Nouvelle Description de l'Islande, etc. Paris*, 1764, in-12, tome I, page 134 et suivantes.

(8) *Lettres sur l'Islande. Paris*, 1781, in-8°., page 110. L'auteur est mort récemment, archevêque d'Upsal.

Russie.

Dans l'histoire de la société civile, la période la plus remarquable est le passage de la vie nomade à l'état agricole. *Tooke* applique cette réflexion à la Russie (1), sur l'agriculture de laquelle nous allons dire quelques mots, en faisant observer au lecteur, qu'il est bien plus aisé de savoir ce qu'elle est que ce qu'elle fut au seizième siècle.

Gmelin, *Lepechin*, *Guldenstett*, *Pallas*, et d'autres savans, ont jeté un grand jour sur l'état actuel de cet Empire, où la diversité de sols et de climats appelle toutes les tentatives agronomiques et promet des succès. La guède, le chanvre, et d'autres plantes non moins utiles, y sont indigènes. *Pallas* a trouvé des terres productives jusqu'en Sibérie. Le canton de Demiansk, à cinquante-neuf degrés et demi dans le gouvernement de Tobolsk, récolte de l'orge et de l'avoine, et ce n'est pas le dernier terme de latitude pour la végétation. Il y a sans doute des pâturages vers Archangel, qui est encore plus au nord, puisqu'on y a de belles vaches dont la race est venue de Hollande (2). *Pontoppidan* assure que la Finmarchie est productive jusqu'au soixante-huitième degré (3). D'ailleurs, suivant *Horrebow*, dans la Laponie, dont ce pays fait partie, la distance de la semaille à la moisson n'est que de six à sept semaines (4).

Une louable émulation vivifie l'agriculture dans les provinces où la température est moins rigoureuse, sur-tout vers les bords du Don et du Wolga; le miel et la cire y forment une branche importante de commerce. *Tooke* prétend que la Tauride deviendra la Champagne de la Russie (5); la culture de la vigne, dans cette province, lui paroît un reste de la culture grecque: cette opinion n'a rien d'improbable.

Olearius nous apprend qu'en 1613, des marchands de la Perse ayant porté la vigne à Astracan, elle y fut cultivée par un moine Autrichien, résidant alors dans cette ville. Le czar en trouva le fruit excellent; le moine fut encouragé, et cette contrée dut à ses soins un genre de culture qui prospère (6).

La stérilité de l'histoire de Russie, à l'époque qui nous occupe, fera pardonner la brièveté de cet article. Mais aurions-nous pu garder le silence sur cette immense région, vers laquelle se dirigent si souvent les regards de la politique, sur laquelle se reposent déjà avec intérêt ceux de la philosophie, et qui, liant l'Europe à l'Asie, occupera une place éminente dans l'histoire de l'espèce humaine, lorsque des tribus encore nomades, ayant fixé leur domicile, verront arriver au milieu d'elles tous les arts, enfans de la civilisation; lorsque la suppression du servage y relèvera les fronts humiliés; lorsque la déclaration des droits de l'homme, du citoyen, du peuple, éclairant l'horizon du Nord, établissant le jugement par jury, appelant à des assemblées nationales, perma-

(1) *View of the Russian Empire, etc. London*, 1802, 3 vol. in-8°.

(2) *Ibid.*

(3) *The Natural History of Norway, etc.*, page 98.

(4) *Nouvelle Description de l'Islande, etc.*

(5) *View of the Russian Empire, etc.*, tom. II, pag. 248.

(6) *Voyages en Moscovie, Tartarie et Perse, etc. Amsterdam*, 1727, in-fol., p. 456.

nentes ou périodiques, les députés du souverain, y asseoira la liberté publique sur une constitution inviolable ; c'est-à-dire, lorsque le Gouvernement, sondant l'avenir et connoissant la véritable gloire, anticipera une révolution qui (là comme ailleurs) seroit un jour l'heureux et inévitable effet du progrès des lumières ?

Belgique.

Nous avons dit qu'autrefois de vastes forêts couvroient le sol des contrées boréales. Les montagnes des Ardennes étoient dans le même état ; mais, dès le douzième siècle, ces dernières avoient été essartées en partie, et l'Escaut étoit renfermé dans son lit (1).

Vers l'an 1600, on citoit les Flamands comme les meilleurs laboureurs. Jamais un peuple ayant une agriculture si florissante n'écrivit moins sur cet objet : il falloit voyager chez eux pour la connoître. Ils vouloient, comme aujourd'hui, que les fermes ressemblassent à des jardins. La petite culture étoit presque la seule admise ; la luzerne, le trèfle, le sarrazin, le turneps, y étoient abondans. Les auteurs du *Fermier complet* leur font honneur d'avoir les premiers mis les troupeaux dans des parcs, d'avoir découvert sept à huit espèces d'engrais, dont ils auroient dû nous donner la liste, et d'avoir semé sur les terres arables des végétaux destinés à les améliorer, en s'y décomposant lorsque la charrue en avoit retourné la surface (2). Ce procédé étoit pratiqué chez les Anciens.

Cet article, je le sens trop, doit paroître bien court pour un pays presque classique en fait d'agronomie. En compulsant les monumens de l'histoire ecclésiastique et civile des Provinces Belgiques, on pourroit recueillir des renseignemens indirects sur l'état de l'agriculture, et principalement sur les causes de ses progrès. Si, des peuples modernes, les Flamands ont été cités comme les premiers qui se soient distingués dans l'agriculture-pratique, même avant le seizième siècle, à quelles circonstances du climat, ou du sol, ou des lois, ou des mœurs, ou de tous ces objets ensemble, doit-on rapporter ce succès ? Quelle part y ont eue le grand nombre de villes fondées dans ce pays, les canaux qu'on y a creusés, l'esprit de liberté qui s'y est montré, le mode de gouvernement qui a favorisé ces germes précieux, ou qui n'a pu les étouffer ? Pourquoi ces causes n'eurent-elles qu'une influence renfermée dans certaines limites ? Pourquoi l'exemple heureux des Belges ne fut-il pas suivi de leurs voisins immédiats, etc. ? Toutes ces questions seroient intéressantes, mais on sent que leur examen conduiroit trop loin. On trouveroit, à ce sujet, des matériaux détachés dans les *Mémoires de Paquot,* et dans quelques autres ouvrages purement historiques, que, par cette raison, je n'indiquerai pas ici d'une manière plus précise.

Ces recherches utiles n'avoient pas échappé aux vues de l'Académie de Bruxelles. Il est à souhaiter que l'on reprenne ce problème, l'un des plus im-

(1) *Recueil de Mémoires sur les Établissemens d'humanité, par Duquesnoy, Paris, an X,* in-8°., Nos. 28 et 29, page 137.

(2) *The complete Farmer : or, a general Dictionnary of Husbandry, etc. London,* 1777, in-4°.

portans que l'histoire des derniers siècles offre à l'économie rurale et politique (1). Ce problême s'applique aussi à l'article suivant, pour lequel néanmoins on a plus de secours, parce que les lumières se propagent toujours avec la liberté.

Hollande.

Dans les riches plaines de la Belgique, il suffit de seconder l'exubérance de la nature; au lieu qu'elle exige de plus grands efforts dans les vastes landes du Brabant Hollandois et d'autres parties de la Batavie, où l'exemple de la Belgique, sur la préparation des engrais, n'a point exercé d'influence. Cette branche d'économie rurale y est, comme par-tout (à quelques exceptions près), très-peu avancée; et jusqu'à nos jours, au-delà d'Alkmaër et ailleurs, s'est conservé l'usage irréfléchi de placer les fumiers en plan incliné, près des canaux, où s'écoulent les eaux chargées des principes les plus précieux de la végétation.

Au seizième siècle, la Hollande n'étoit pas citée pour la beauté des bêtes à laine; mais elle tira des Grandes Indes une variété qui réussit dans la Frise Orientale et ailleurs, et dont la toison égale en finesse les meilleures d'Angleterre (2); elle est remarquable, dit *Lasteyrie*, par la grandeur et la beauté des formes, par de grands produits en laine, en lait, et en agneaux (3). Cette race avoit passé de Hollande en France; et *Querbrat Calloet* assuroit, en 1666, qu'elle prospéroit dans les marais de la Charente, de l'Aunis et du Poitou (4).

Nous avons nommé la Frise, c'est une des provinces les plus riches en pacages et en troupeaux; elle a vendu, en 1802, du beurre et des fromages pour onze millions de florins (vingt-trois millions de notre monnoie) (5). Les procédés au moyen desquels on les prépare furent décrits, vers le milieu du dix-septième siècle, par un savant de cette contrée, *Martin Schoockius* (6), qui fit aussi un traité sur la bière (7), dont ses compatriotes faisoient une grande consommation.

Cette boisson devoit trouver place dans mon ouvrage, à raison de l'emploi du grain qu'elle nécessite, et du houblon, dont la culture a été l'objet de plusieurs traités. La bière fut inventée, dit-on, à Peluse. *Hartig* prétend que les Égyptiens ajoutoient à l'orge des lupins, en place du houblon qu'ils ne connoissoient pas (8). *Valmont de Bomare* indique le ménianthe, ou trèfle des marais, comme un stomachique puissant qui peut remplacer le houblon; et il semble dire qu'en Angleterre, dans le Hampshire, on s'en sert de cette manière (9). Les informations que j'ai prises sur les lieux n'ont pu m'en fournir la preuve.

(1) On pourra lire, à ce sujet, une note de notre collègue *François (de Neufchâteau)*, insérée dans ce volume, pages 182 — 204.

(2) *Ensayo de la Sociedad Bascongada*, *etc.*, pag. 130.

(3) *Histoire de l'Introduction des Moutons à laine fine d'Espagne dans les divers États de l'Europe, etc. Paris*, 1802, in-8°., page 240.

(4) *Moyen pour augmenter les revenus du royaume de plusieurs millions, etc. Paris*, 1666, in-4°., page 2.

(5) Ce fait m'a été attesté en Hollande par des personnes instruites.

(6) *Tractatus de Butyro. Groningæ*, 1664, in-12.

(7) *Liber de Cerevisiâ, etc.*, déjà cité.

(8) *Observations sur les progrès et la décadence de l'Agriculture chez les anciens peuples, traduit de l'allemand, par Leroi-Lozembrune. Vienne*, 1789, in-8°.

(9) *Dictionnaire d'Histoire Naturelle, etc. Paris*, 1791, in-8°., articles *Buck-Bean* et *Trèfle de marais.*

Les houblonnières, qui formoient sans doute autrefois une grande partie de la culture Hollandoise, ont cédé la place à d'autres productions, parce qu'on fait de la bière sans houblon, et sur-tout parce qu'actuellement, en Hollande, l'usage de cette boisson est extrêmement diminué depuis l'introduction des boissons chaudes en Europe. Amersfort, qui comptoit environ soixante brasseries, n'en a plus que deux. On assure que, par ce changement de régime, les calculs urinaires, autrefois communs, y sont devenus fort rares (1). La rareté des maladies de la vessie est un fait indéniable; mais la cause qu'on assigne est néanmoins contredite par des médecins François, au dire desquels la bière légère peut être administrée utilement contre la maladie dont on vient de parler. Cette discussion est étrangère à mon sujet, auquel je reviens.

On doit aux Hollandois l'art de rendre les fleurs doubles, secret inconnu au seizième siècle (2); de l'agréable ils ont su tirer l'utile : la culture des fleurs devint, à Harlem sur-tout, l'objet d'un commerce et une source de richesses qui n'est pas tarie. *Beckmann* a recueilli divers faits pour prouver à quel point on a poussé la manie sur cet objet : un oignon de tulipe fut vendu quatre mille six cent florins, avec une voiture neuve et deux chevaux; un autre, à Alkmaër, fut payé sept mille florins; un autre, échangé contre douze acres de terre, etc. Le jésuite *Ferrari*, qui écrivoit en 1633, vante l'adresse des habitans des Pays-Bas, non seulement à cultiver les fleurs, mais encore à les imiter en soie, de manière à tromper l'œil le plus exercé (3).

Si plusieurs contrées de la Batavie sont encore des déserts, le défaut de population n'en est pas l'unique cause. Le Gouvernement des Provinces-Unies regardant les marais de la partie orientale comme une barrière naturelle contre l'Allemagne, avoit, dit-on, défendu de les dessécher; l'état de cette contrée seroit donc l'effet réfléchi d'une mauvaise politique. *Émiland Estienne* prétend que, depuis l'assimilation du Brabant batave aux autres Départemens de la République, il a presque changé de face : « Nous osons prédire, ajoute-t-il, » qu'avant trente ans on comptera plus de marais desséchés, plus de bruyères » défrichées, plus d'ateliers nouveaux dans ce Département, que durant les » deux derniers siècles, à-peu-près, qu'il a été traité en pays conquis par l'an- » cien Gouvernement des Provinces-Unies (4). » Au surplus, de quoi n'est pas capable cette Nation respectable qui, dirigée par Civilis, avoit résisté aux Romains? qui, après avoir, au seizième siècle, conquis sa liberté sur le tyran Philippe II, conquit sur la mer une partie de son territoire, convertit en rians parterres un sol sur lequel naguère flottoient les vaisseaux et nageoient les poissons? Telle est la mer de Deemen dont j'ai parlé. Les environs de Leyde,

(1) C'est l'avis de mon ami le savant et respectable *van Swinden*. Il m'est doux de lui payer un tribut d'estime et de reconnoissance. C'est à lui que je dois un ouvrage très-curieux : *Dissertatio medico-chimica de Causis imminutæ in republicâ Batavâ Morbi Calculosi frequentiæ. Lugduni-Batavorum*, 1802, in-4°. Cette thèse a été soutenue par M. *Schultens*, sous la présidence de M. *Sandifort*.

(2) *Mélanges tirés d'une grande Bibliothèque*, tome X, page 404.

(3) *De Florum Culturâ. Romæ*, 1633, in-4°.

(4) *Statistique de la Batavie. Paris, an XI*, in-8°, page 85.

de Harlem, d'Utrecht, etc., les quatre myriamètres de distance entre cette dernière ville et Amsterdam, qui n'étoient qu'un sable aride, et qui sont devenus un jardin perpétuel, attestent l'industrie de ces généreux Bataves qui, actuellement, s'occupent avec succès de la culture des dunes (1).

Isles Britanniques.

Les Isles Britanniques ayant subi, comme le continent Européen, le joug des Barbares, on conçoit que l'agriculture y éprouva les mêmes désastres. Après leurs irruptions vinrent les querelles sanglantes des rois, et les peuples eurent la stupidité de s'égorger pour des disputes de succession au trône, pour des maitresses, etc.

Des Conciles avoient quelquefois statué sur des objets d'économie rurale, dans les rapports de ces objets avec la compétence ecclésiastique. Celui de Narbonne, de l'an 1054, défendit de couper les oliviers, parce qu'ils fournissent la matière propre au luminaire. En Angleterre, un Concile de Calcuth, tenu l'an 787, avoit défendu de couper la queue aux chevaux, de les essorriller, de les rendre sourds, de leur fendre les naseaux, ce que l'on faisoit par superstition (2); cruauté actuellement encore exercée sur les ânes en Espagne.

Qu'un pamphlétaire, nommé *Donaldson*, insulte les moines dans un écrit que la postérité ne lui reprochera pas, car il n'arrivera pas jusques-là (3), qu'importe? Des injures, en déshonorant toujours celui qui en est l'auteur, honorent quelquefois celui qui en est l'objet. C'est encore aux moines qu'on eut l'obligation d'avoir perpétué les bonnes pratiques de la culture des jardins. *Walker*, qui leur rend cette justice, remarque que leurs travaux furent détruits pendant les troubles religieux (4). Aussi *Fynes Morison*, qui écrivoit sous Élisabeth, nous apprend, dans son *Itinéraire*, que l'Irlande étoit inférieure à l'Angleterre pour les fleurs et les fruits. Celle-ci fournit à l'Irlande le cerisier, qu'y porta *Walker Rawleigh* dans un jardin encore existant vers Waterford (5). Ce fait appelle naturellement une réflexion sur l'introduction de cet arbre en Europe. *Lucullus* l'avoit apporté, dit-on, de l'Asie mineure en Italie; le témoignage de l'histoire, à ce sujet, est énoncé d'une manière assez positive pour repousser les doutes: s'ensuit-il de-là que le Nord de l'Europe doive au général Romain l'acquisition des cerisiers? et ne peut-on pas, comme *Rozier* (6), comme *Poederlé*, croire que dans les Gaules ils sont indigènes, puisqu'on en trouve le type dans nos forêts (7)?

(1) Cette culture est l'objet d'un ouvrage intéressant, publié, depuis peu, par ordre du Gouvernement. *Tegenwoordige Staat der Duinen, etc. Leyden*, 1798, 2 vol. in-8°.

(2) *Collectio maxima Conciliorum, per P. Labbe et G. Cossart, etc. Parisiis*, 1671, in-fol., tom. VI, pag. 1872.

(3) *Agriculture considered as a moral and political Duty. London*, 1775, in-8°, pag. 46.

(4) *Essay on the Rise and Progress of Gardening in Ireland, etc.*, dans les *Transactions of the royal irish Academy*, tom. IV. *Antiquities*, etc.

(5) *Ibid.*

(6) *Dictionnaire d'Agriculture*, etc., tome II.

(7) *Manuel de l'Arboriste et du Forestier Belgiques. Bruxelles*, 1792, in-8°, tome I, page 158.

Mais à l'époque où *Rawleigh* communiqua cet arbre à l'Irlande, l'Angleterre elle-même étoit-elle bien avancée dans l'art du jardinage? Des traités furent écrits sur cette matière, par *Léonard Mascall* (1) et *Thomas Hill* (2); leurs ouvrages furent suivis de beaucoup d'autres, parmi lesquels on distingue ceux de *François Bacon* (3), d'*Austin* (4), de *Hugues Platt* (5), etc.

Alstrom prétend qu'au seizième siècle l'hortolage étoit négligé, en Angleterre, à tel point, qu'on étoit obligé d'acheter chez l'étranger les légumes les plus communs, tels que le chou, le navet (6). Actuellement encore, dans certains cantons, on ne trouve guère que le haricot à fleurs rouges, et l'oseille y est rare.

D'après quelques faits consignés dans un mémoire de *Cliquot de Blervache*, on peut croire que l'Écosse fut long-temps arriérée pour les arts, puisque celui de faire du savon n'y remonte qu'à l'an 1524; et qu'en 1536 François Ier. fit présent à Jacques V de deux hommes de chaque métier et des instrumens propres à l'Agriculture (7).

Bacon cite plusieurs lois de Henri VII, favorables à l'économie rurale (8).

A. Hunter, dans ses notes sur la *Sylva* d'*Evelyn*, place à l'an vingt-sept de Henri VIII la première époque du dépérissement des forêts, lorsque le monarque saisit pour son usage celles du clergé (9). *Tusser*, versificateur du même temps, se plaignoit de ce qu'on étoit plus empressé à couper qu'à planter (10).

On se tromperoit néanmoins en croyant que cette époque ait été très-fatale à l'agriculture. C'est sous Édouard IV, Henri VIII et Élisabeth, que les Anglois, en croisant les races, obtinrent de belles laines (11). En 1534, les troupeaux étoient multipliés à tel point, qu'on fit un statut portant la défense d'avoir plus de deux mille moutons. En 1566, fut renouvelée la loi qui prononçoit des peines sévères contre quiconque exporteroit des laines ou des brebis; la récidive étoit punie de mort (12).

Dès le commencement du seizième siècle, avoit été imprimé, avec figures, l'ouvrage de *Reynolds Scots*, sur la culture du houblon et celle du tabac (13).

En 1534, parut comme un phénomène *Fitz Herbert*, qui publia sur l'agri-

(1) *The Art and Manner how to Plant and Graft all sorts of Trees, etc. London*, 1529, in-4°.

(2) *The Art of Gardening. London*, 1572, in-8°.

(3) *Opera omnia. Londini*, 1638, in-fol. *Sermones fideles*, le 44°., page 237, traite *de Hortis*.

(4) *A Treatise of Fruit-trees, Schewing the Manner of Planting, Grafting, etc. Oxford*, 1653, in-4°.

(5) *The Garden of Eden, or account of the Culture of the Flowers and Fruits*, 1651 — 1660, 2 vol. in-8°.

(6) *Essai historique et politique, etc.*, p. 15.

(7) *Mémoire sur l'état du Commerce intérieur et extérieur de la France, depuis la première Croisade jusqu'à Louis XII.* — Voyez aussi l'*Histoire du Hâvre. Paris*, 1789, page 48.

(8) *Opera omnia : Historia regni Henrici Septimi*, pag. 44.

(9) *Sylva, or a Discourse of Forests-trees, etc. York*, 1786, 2 vol. in-4°.

(10) *Five hundred points of good Husbandry, etc. London*, 1546, in-8°.

(11) *Informe de la Sociedad Economica, etc.*, pag. 42.

(12) *Essai historique et politique, etc.*, pages 18 et 19.

(13) *A Perfect Platform of a Hop Garden, etc. London*, 1574, in-4°., nouvelle édition.

culture un ouvrage, suivi d'un second en 1539 (1). Dans le premier, il débute par la description des diverses espèces de charrues, celles de Kent, celles de Sommerset, et autres comtés. Cet article intéressant est très-détaillé. Viennent ensuite la culture des grains, l'éducation et le soin du bétail, etc. L'auteur, extrêmement religieux, indique soigneusement toutes les occupations de la femme dans le courant de la journée, depuis les prières, dont il spécifie la formule, jusqu'au soin de recueillir les œufs.

Fitz Herbert enchante par le ton persuasif et la naïveté de son langage suranné. Dans les *Mémoires de la Société de Bath*, M. *Rack* le cite comme le premier Anglois qui ait examiné la nature du sol et les lois de la végétation; pendant quarante ans, il en avoit fait son étude. Ses ouvrages éveillèrent l'émulation, tant pour cultiver que pour écrire sur cette partie, et l'on citera toujours *Fitz Herbert* comme ayant eu le double mérite de faire aimer l'art rural et la vertu.

L'éducation des abeilles a beaucoup occupé les écrivains Anglois, tels que *Hylls* (2), *Butler* (3), *Levett* (4), *Guillaume Lawson* (5), *Warder* (6), *Worlidge* (7), *Thomas* et *Daniel Wildman* (8), etc. Leurs ouvrages, pour la plupart, sont assez bien faits, sur-tout celui de *Butler*: il a mérité les éloges de *Worlidge*, c'est-à-dire, d'un écrivain qui, embrassant toutes les parties de l'agriculture Angloise, en régularisa le systême (9). Mais voyez à quel point de bassesse se ravalent certains hommes, qui se donnent pour les précepteurs du genre humain! La plupart de ces auteurs, entre autres, *Butler* et *Warder*, ayant dédié leurs ouvrages à des reines, ne manquent pas de trouver dans le gouvernement d'insectes industrieux l'image et l'apologie du pouvoir absolu, dont la conséquence immédiate est l'obéissance passive. On peut adresser le même reproche à *Jérôme Cortès*, Espagnol, qui s'est aussi occupé des abeilles, dont la soumission lui paroît l'image de celle que doivent les *sujets* (10); cependant il reconnoît que le roi des abeilles est électif: cet aveu est déjà quelque chose. Puisque nous imprimons sur leurs fronts une flétrissure bien méritée, citons avec honneur *Conringius*, qui a fait sentir l'ineptie de telles comparaisons (11).

(1) *The Book of Husbandry. London*, 1534, in-8°. — *The Book of surveying and improvement, etc. London*, 1539, in-8°. On les a réimprimés en 1767.

(2) *Instruction of Bees. London*, 1593, in-8°.

(3) *The Feminin Monarchi, or the Histori of Bees. London*, 1623, in-4°.

(4) *The Ordering of Bees, etc. London*, 1634, in-4°.

(5) *The Husbandry of Bees*. 1656, in-4°., à la suite des ouvrages de *Markham*.

(6) *Apiarium, or a Discourse of Bees, etc. London*, 1676, in-8°. — *The true Amazons: of the Monarchy of Bees. London*, 1716, in-8°., troisième édition.

(7) *Apiarium, or a Discourse of the Government and Ordering of the Bees. London*, 1678, in-8°.

(8) *A Treatise on the management of Bees; etc. London*, 1768, in-4°. — *A complete Guide for the management of Bees, etc. London*, 1773, in-8°.

(9) *The Mystery of Husbandry discovered, wherein in treated of the several ways of Tilling, Planting, Sowing, Manuring, Ordering of all sorts of Gardens, Orchards, etc. London*, 1669, in-fol.

(10) *Libro, y Tratado de los Animales terrestres, y volatiles, etc. Valencia*, 1613, in-8°., pag. 452.

(11) *Dissertatio de Differentiis Regnorum, etc.*, cité par *Pierre Muller*, dans sa Dissertation *de Jure Apum. Ienæ*, 1738, in-4°.

L'Agriculture

L'agriculture de diverses parties de la Belgique et des ci-devant Alsace, Beauce et Normandie, peut soutenir le parallèle avec celle de la Grande-Bretagne, dont le sol est entrecoupé de fermes magnifiques et de landes à perte de vue; mais les instrumens aratoires sont, plus que chez nous, perfectionnés chez les Anglois, qui en ont des manufactures. La partie la plus brillante de leur économie rurale, et sur laquelle ils laissent en arrière toutes les Nations, c'est l'éducation des animaux domestiques, dont ils ont toujours cherché à perfectionner les races. Nous ajouterons incidemment qu'en agronomie ils ont pour principe, de ne jamais rester stationnaires, mais de tendre toujours à un mieux, qu'ils ne croyent pas l'ennemi du bien, quoi qu'en dise le proverbe.

Obtenir de la vache la plus grande abondance possible de bon lait, obtenir du bœuf et du mouton la plus grande quantité possible de bonne viande, tel est le problême qu'ils ont résolu. Par des croisemens habilement ménagés, dans les bêtes à cornes, les bêtes à laine et les porcs, ils se sont procuré des variétés telles, que la croissance se développe avec plus de force dans les parties les plus susceptibles de fournir une substance alimentaire : de-là cette disproportion dans la grosseur des membres de certains animaux, dont les jambes courtes ou grêles supportent un corps volumineux. Ils en ont multiplié les gravures et ils se proposent de publier successivement celles des animaux de chaque comté; nous ne citerons que les ouvrages de *Guillaume Pitt* (1), de *George Garrard* (2), d'*Edmond Scott* (3), et nous ajouterons qu'ils joignent à ce moyen celui de les modeler en petit, et de les répandre par-tout. *Garrard* a formé à Londres un établissement encore unique en ce genre (4).

En 1633, *Mascall*, déjà cité, publia sur l'éducation du bétail un ouvrage estimé (5). Dans le nombre de ceux qui enseignent la manière d'élever et de dresser les chevaux, la supériorité paroît acquise à celui de *Cavendish*, duc de Newcastle, écrit en françois, et qui parut vers le milieu du dix-septième siècle (6).

Hugues Platt est reconnu pour un des cultivateurs les plus ingénieux comme les plus modestes; il établit dans toute l'Angleterre des correspondances agricoles, publia, outre son *Jardin d'Eden*, d'autres bons ouvrages; s'occupa avec une persévérance infatigable, de recherches sur les engrais, en appliquant à la fertilisation des terres le sable, l'argile, les boues des rues, la terre à foulon, la fougère, les cendres des végétaux, etc.

Gabriel Plattes, génie original, commença ses observations sous Elisabeth,

(1) *General View of the Agriculture of the country of Stafford, etc. London*, 1796, in-8°.

(2) *A Description of the different Varieties of Oxen, common in the British Isles; embellished with engravings; etc. London*, 1800, grand in-fol.

(3) *Proceedings of the Sussex Agricultural Society, from its institution, to 1798, inclusive. Together with engravings of the prize Cattle for that year, etc. Lewes*, 1801, in-fol., seconde édition.

(4) *A Description of the Models of Cattle, domestic and foreign, in the Agricultural Museum; etc. London*, 1801, in-4°.

(5) *The Gouvernement of Cattle, etc. London*, 1633, in-4°.

(6) *Méthode et Invention nouvelle de dresser les Chevaux, etc. Anvers*, 1658, in-fol.

les continua sous les règnes suivans, et les trois ou quatre premières années de la république (1). Il inventa, dit *Haller*, une machine pour arracher les arbres. Malgré ses talens, ses écrits et les services qu'il avoit rendus, *Plattes*, accablé sous le poids de la misère, périt dans une rue de Londres, n'ayant pas une chemise sur son dos, disent les auteurs du *Fermier complet*, de qui nous empruntons cet article.

On a donné de grands éloges aux nombreux ouvrages de *Gervais Markham*, qui écrivoit dès 1593. L'auteur a la bonhommie de dire que les combats de coqs sont l'amusement le plus délicieux, le plus noble; en conséquence, un chapitre a pour objet l'éducation des *fighting-cocks*, ou coqs destinés aux combats; mais ses ouvrages renferment, d'ailleurs, des vues utiles. Il observe que l'usage de la marne, employée autrefois comme engrais en Angleterre, puis discontinué, avoit recommencé depuis trente ou quarante ans (2). Si l'on juge de la bonté de ses écrits sur l'art vétérinaire et principalement sur l'hippiatrique, par celui que nous avons sous les yeux (3), et dont *Foubert* nous a donné une traduction françoise (4), on en aura une médiocre idée. Un juge irrécusable, notre collègue *Huzard*, remarque qu'à cette époque, ce qu'on avoit de moins mauvais sur cet objet si nécessaire à l'agriculture, c'étoient les traductions des Grecs et des Latins, et quelques ouvrages italiens peu répandus.

Au milieu des guerres civiles, les Anglois avoient souvent changé en armes leurs instrumens aratoires; les troubles étoient-ils calmés, à l'instant l'agriculture reprenoit une nouvelle vie, et beaucoup d'hommes, enrichis des dépouilles du clergé, retournoient à la charrue qu'ils avoient quittée. On remarque sur-tout, vers l'an 1600, de grands efforts pour ranimer le travail des champs, et bientôt après parurent des traités géoponiques, qui ont encore de la célébrité; tel est celui de *Blith*, dédié à Cromwel, et au frontispice duquel on lit, en françois écrit ainsi: *Vive la Républik*. L'auteur donne la description d'une charrue à deux socs. Les vergers, le trèfle, le sainfoin, la guède, le safran, le houblon, la garance, le lin, le chanvre, l'emploi de la marne, de la craie, tout cela occupe successivement l'attention de *Blith*, qu'on peut citer comme un bienfaiteur de son pays (5).

Supérieur aux hommes qu'on vient de citer, *Hartlib*, fils d'un marchand Polonois, vint en Angleterre, vers 1640. Ami de la religion et des bonnes mœurs, il ne cessa de les encourager; il écrivit sur les moyens de mettre la paix entre les théologiens protestans. Seroit-ce le chagrin de n'avoir pas réussi, qui le porta vers des études où il eut plus de succès? Instruit à l'école des Flamands, il publia d'abord son traité sur l'Agriculture de la Belgique (6),

(1) *A Treatise of Husbandry. London*, 1638, in-4°., et d'autres ouvrages dont on peut voir la liste dans *Haller, Boehmer*, etc.

(2) *The Whole Art of Husbandry, etc. London*, 1657, in-4°., neuvième édition. Il contient ses adieux à l'Agriculture (*Farewel to Husbandry*). On trouvera le catalogue de ses ouvrages dans *Boehmer*, etc.

(3) *Markham's master-piece revived, etc. London*, 1656, in-4°.

(4) *Le Nouveau et Sçavant Mareschal, etc. Paris*, 1666, in-4°.

(5) *The English Improver improved or the Survey of Husbandry. London*, 1652, in-4°.

(6) *The Discourse of Flander's Husbandry, etc. London*, 1641, in-4°.

ensuite l'ouvrage intitulé *Legs* (1), qui, si l'on en croit les auteurs du *Fermier complet*, est de *Child*; ainsi *Hartlib* n'auroit fait que corriger et publier cet ouvrage, destiné à examiner les défauts et les remèdes de l'agriculture angloise. On y voit que, dans le comté de Kent, on atteloit quatre, six, et même douze chevaux à une charrue; on n'y lit pas sans étonnement qu'en Irlande, quelques laboureurs attachoient leurs chevaux par la queue pour traîner les charriots, etc. L'auteur se plaint amèrement de la grande variété de charrues usitées dans le même canton, au lieu de comparer leurs effets et d'adopter ce qu'il y avoit de mieux. *Hartlib* n'étoit pas encore satisfait de l'éducation des bêtes à laine, et il se répand en plaintes sur cet objet. Il veut qu'on s'occupe davantage des abeilles, car le miel d'Angleterre lui paroît le meilleur que l'on connoisse. Il cite l'urine de vache, employée par les Hollandois, comme un excellent engrais au pied des arbres. Il avoit envoyé en France des questions sur la luzerne; on les trouve dans ses ouvrages, ainsi qu'une foule d'autres questions sur l'agriculture de l'Irlande, avec les réponses. Il désire qu'on s'occupe des vers à soie, et rapporte une lettre du roi Jacques, qui ordonnoit la culture du mûrier.

Dickson dit que les Anglois ont trois saisons pour semer, le printemps, l'été, l'automne; tandis que les Romains n'avoient que la première et la troisième (2). Ce n'est pas là une découverte, mais une indication suggérée par l'humidité de l'atmosphère britannique, à laquelle on doit attribuer en partie le luxe de végétation de cette contrée. Quant aux cultures alternes, d'après *Tarello*, *Hartlib* les introduisit en Angleterre. Il propose d'établir un directeur, ou ministre public de l'art rural, et sur-tout il gémit de ce qu'on n'adopte pas la culture flamande, dont il décrit les procédés. Ses plaintes ne furent pas perdues.

L'Angleterre doit beaucoup à la Belgique, par les connoissances rurales qu'elle a empruntées de ce pays. Nous ajouterons incidemment qu'elle lui est encore redevable pour ses manufactures.

Au commencement du quatorzième siècle, Louvain, dont la population surpassoit de beaucoup celle d'aujourd'hui, avoit une telle multitude d'ouvriers occupés aux fabriques de draps, que, par mesure de police, on sonnoit une cloche à l'heure où les tisserands quittoient l'ouvrage, afin que les parens avertis retirassent les enfans des rues, de peur qu'ils ne fussent écrasés; mais, en 1382, les ouvriers s'étant ameutés, le duc Wenceslas les bannit très-impolitiquement; ils se réfugièrent en Angleterre, où ils portèrent leur industrie. Les cruautés du duc d'Albe occasionnèrent une émigration nouvelle des fabricans de Gand et de Bruges, qui furent accueillis par la reine Élisabeth (3).

Il n'est aucun pays où la dîme soit aussi onéreuse qu'en Angleterre; elle s'étend à toutes les productions que l'on récolte: on exigeoit même, il y a quelques années, celle des ananas. La dîme des vins y étoit autrefois assez considérable: le nom de *vine-yard*, que portent encore divers lieux, atteste que

(1) *A Legacy or an enlargement of the Discourse of Husbandry, etc. London*, 1651, in-4°.

(2) *The Husbandry of the Ancients. In two volumes. Edinburgh*, 1788, in-8°.

(3) *Mémoires pour servir à l'Histoire de la Maison de Brandebourg*, page 400 et suivantes.

la vigne y fut cultivée. On en trouve, d'ailleurs, des preuves, jusques dans le fameux *Dooms-day-book*, qui est le grand cadastre ou terrier. N'est-il pas remarquable que *Pline* vante, d'une part, la bière de France et d'Espagne, et de l'autre, le vin de l'Angleterre ? Telles sont les observations de l'anonyme qui, en 1727, vouloit réconcilier la vigne avec le climat de son île, d'où elle ne fut exclue, disoit-il, que parce que le besoin du pain est plus impérieux que celui du vin (1). Les Anglois, devenus maîtres de la Gascogne, qui leur fournissoit une liqueur exquise, négligèrent les vignes de leur pays. *Hartlib* annonce néanmoins que, de son temps, quelques *gentlemens* faisoient encore leur vin. Enfin, on sentit qu'il valoit mieux s'occuper de faire d'excellent cidre. Depuis long-temps celui du Herefordshire est fameux ; c'est de-là qu'au dix-septième siècle la pomme qui le fournit fut portée en Irlande.

Worlidge a publié un traité curieux sur le cidre (2). Celui des comtés de Hereford, Glocester et Worcester, lui paroît le meilleur ; on y ajoute actuellement celui du Devonshire (3). *J. H. Meibomius* s'est élevé contre les boissons tirées des fruits (4) ; mais l'expérience en a fait l'apologie. *Worlidge* rapporte, d'après *Bacon* (5), que huit hommes, ayant entr'eux huit cents ans, exécutèrent une danse ; on sut que c'étoient des tenanciers du comté d'Essex, grands buveurs de cidre. *Worlidge* en conclut que cette liqueur est salubre. Elle a obtenu des éloges tels, que *Philips*, dans son poëme sur le cidre, le préfère aux vins de France et d'Italie (6).

Si l'on en croit *Gautier Hart* (7) et les autres écrivains, l'époque de *Hartlib* est celle de la gloire de l'agriculture angloise. Cromwel, convaincu du mérite d'un tel homme, lui assigna une pension annuelle de cent *pounds*, dont il ne toucha que le brevet ; semblable en cela à *Descartes*, qui mourut à quatre cent lieues de sa patrie, sans en avoir obtenu d'autre bienfait que le brevet d'une pension de trois mille francs. *Hartlib* étoit ami de *Milton*, qui lui dédia un traité d'éducation. Dans la vie de celui-ci, *Todin* se plaint de ce qu'on n'a pas écrit celle du grand promoteur de l'agriculture angloise, dont le nom n'a pas été recueilli par nos faiseurs de dictionnaires ; ils s'appesantissent sur des auteurs d'ouvrages licencieux ou de romans oubliés, et souvent ils n'ont pas même mentionné des hommes qui avoient droit à la reconnoissance de tous les siècles, ceux qui ont allégé les maux de l'humanité, ceux qui ont défendu les droits des peuples, ceux qui ont travaillé à les nourrir ; tels sont : OLIVIER DE SERRES, *Jean de Arrieta*, *Jean de Roxas*, *Auguste I de*

(1) *The Vine-yard, etc. London*, 1727, in-8°., avis au lecteur, et pages 6 et 7. Je ne trouve nulle part, dans *Pline*, qu'il mentionne le vin de la Grande-Bretagne.

(2) *Vinetum Britannicum or a Treatise of Cyder, etc. London*, 1676, in-8°.

(3) J'ai visité le comté de Hereford, le cidre y étoit bien inférieur à celui que j'ai bu à Woburn, terre du duc de Bedford.

(4) *Liber de Cerevisiis potibusque et ebriaminibus extrà Vinum aliis. Helmstadii*, 1664, in-4°.

(5) *Opera omnia : Historia Vitæ et Mortis, etc.*, pag. 408.

(6) *Cyder a Poem. London*, 1720, in-12.

. . . . *Far surmounts,*
Gallic or latin Grapes.
(Liv. I, pag. 159.)

(7) *Essais on Husbandry. London*, 1765, in-8°., pag. 23.

Saxe, Althusius, Sparre, Tubero, Antoine Perès, Buckelz, Meeuwis Pakker, Wagenaar, Somers, Daniel de Foë, Hochberg, François Solis, Chumacero, Ingrassias, Genovesi, Thomas Coram, Hanway, Guillaume Shipley, etc.

S'il nous étoit permis de descendre à des époques plus rapprochées, nous rendrions un juste hommage à cette foule de célèbres agronomes dont s'enorgueillit l'Angleterre; tous, sans doute, occuperont les places honorables qui leur sont dues, dans l'histoire de l'agriculture que prépare le docteur *Johnson*.

France.

La France ayant partagé avec toute l'Europe les malheurs du moyen âge, son agriculture éprouva les mêmes désastres. Étouffée ensuite sous le fatras des règlemens féodaux, eût-elle pu renaître au milieu des orages politiques? La vie rurale disparut presqu'entièrement du temps de la ligue; l'agriculture, réfugiée dans les vallées des Alpes, y fit cependant quelques progrès sous la main des Vaudois échappés aux horribles massacres ordonnés par le Parlement d'Aix, en 1545.

Louis XII avoit encouragé les laboureurs en diminuant le poids des impôts fonciers. Ils furent frappés d'un sceptre de fer, sous son successeur gouverné par sa mère, sa maitresse et ses favoris. Ainsi, l'époque de François Ier., tant vantée par les poëtes, est une période de calamité pour l'agriculture, quoique ce règne fût brillant, ou plutôt parce qu'il le fut. Ici nous alléguerons une nouvelle preuve de la disette de faits. *Gaillard* a écrit d'une manière intéressante l'histoire de François Ier.: un volume est consacré aux sciences et aux arts; et, pourroit-on le croire? l'agriculture n'a pas trouvé la moindre place dans cet ouvrage, ni dans l'*Histoire de France* par *Velly, Villaret* et *Garnier*.

Le célèbre capitulaire de Charlemagne, *de Villis* (1), en apprend beaucoup plus, sur la culture de son temps, que les volumineuses collections dans lesquelles sont décrits les forfaits et les folies des rois et de leurs cours. L'agriculture étoit une pratique et non une science; la tradition seule servoit de véhicule aux connoissances agronomiques; par la tradition se perpétua l'usage du béton, que nous devons aux Romains, ainsi que la bâtisse en pisé, que *Cointeraux* a perfectionnée.

Du temps de Catherine de Médicis, une nuée de monopoleurs désolèrent la France: les extorsions, les factions, le désordre des finances, achevèrent de discréditer les biens-fonds, symptôme infaillible d'une agriculture languissante.

Chopin écrivoit alors, à Cachant, près Paris, son traité des privilèges des paysans (2); foibles priviléges, calculés plutôt encore sur l'intérêt des propriétaires que sur celui de leurs fermiers: telle est la défense de saisir pour dettes les instrumens et les animaux destinés à l'agriculture. Cette disposition, à très-peu d'exceptions près, existe dans la législation de tous les peuples civilisés.

(1) *Capitularia Regum Francorum, etc., edente Steph. Baluzio. Parisiis*, 1677, in-fol., tom. I, pag. 331 et suiv.

(2) *De Privilegiis Rusticorum. Parisiis*, 1574, in-8°. La quatrième édition est de Paris, 1621, in-fol.

Les faits se seroient entassés sous la main de l'écrivain courageux qui eût peint les malheurs des paysans accablés sous le poids de la féodalité, des corvées, et de toutes les charges publiques.

Ouvrez le *Code rural* de *Boucher d'Argis*, les trois volumes qui le composent sont le manuel de la tyrannie. Il contient une multitude de règlemens sur la chasse, les banalités, les droits honorifiques, etc., mais presque rien en faveur de l'homme qui travaille à la terre (1). Il en est de même du droit coutumier : à peine trouve-t-on quelques vestiges de bienveillance envers le cultivateur, même dans les codes rédigés par les pays d'État, tels que la Lorraine; parce que, en dernier résultat, l'autorité législative, qui est une propriété inaliénable du peuple, étoit entre les mains des nobles. J'en excepte la coutume de la Bresse, dans les Vosges, monument de républicanisme antérieur à l'existence de la République.

Sous Henri IV, le commerce des grains jouit de la liberté. Plus bas, nous parlerons de ses efforts pour encourager la culture du mûrier.

Sully, dans ses *Économies royales*, prétend que l'État se passeroit mieux, *pour les commodités de la vie*, des gens d'église, nobles, officiers de justice et financiers, que de marchands, artisans, pasteurs et laboureurs. La première chose à faire étoit de rectifier la législation dans ses rapports avec l'art rustique; jusques-là qu'avoit-on fait pour elle? rien ou presque rien.

Malgré les erreurs de la politique, l'agriculture se ressentit, en France, du mouvement imprimé, dans le seizième siècle, aux sciences et aux lettres. Dès 1535, *Charles Estienne* avoit publié un ouvrage sur les jardins; successivement il en donna d'autres sur les semis et plantations, sur la culture de la vigne, des prés, des bois, sur les étangs, etc. (2). Ces traités, réimprimés plusieurs fois, furent réunis, en 1554, sous le titre de *Prædium rusticum*. En 1565, il publia l'*Agriculture et Maison rustique* (3). Cet ouvrage, augmenté, en 1570, par *Jean Liebaut*, son gendre, n'est guère qu'un extrait des Anciens, copié sans discernement, ainsi que l'avoit fait *Vincent de Beauvais* : on y trouve des inepties, comme de croire, d'après *Varron*, que les chèvres ont toujours la fièvre; la manière de faire cuire les œufs, en les agitant dans une fronde, ineptie réimprimée dans la *Nouvelle Maison Rustique*; la manière de faire crever les chenilles sur les choux, en faisant promener dans les carrés une femme échevelée, les pieds nus, etc. Et voyez comme les erreurs traversent les âges! Cette sottise, attribuée à *Démocrite*, et qu'Olivier de Serres tourne en ridicule, se retrouve dans *Columelle*, dans *Pallade*, dans *Charles Estienne*, etc. Les meilleurs esprits sont-ils donc condamnés à payer

(1) *Code Rural, ou Maximes et Règlemens concernant les Biens de campagne; notamment les fiefs, droits seigneuriaux, etc. Paris*, 1774, in-12, troisième édition.

(2) *De Re Hortensi Libellus. Parisiis*, 1535, in-8°. — *Seminarium et Plantarium fructiferarum, præsertìm Arborum, etc. Parisiis*, 1536, in-8°. — *Vinetum, in quo varia vitium, uvarum, vinorum, etc. Parisiis*, 1537, in-8°. — *Arbustum, Fonticulus, Spinetum. Parisiis*, 1538, in-8°. — *Sylva, Frutetum, Collis. Parisiis*, 1538, in-8°. — *Pratum, Lacus, Arundinetum. Parisiis*, 1543, in-8°.

(3) Imprimée la même année, à Paris, in-4°., et à Lyon, in-16.

tribut à la foiblesse humaine? Ainsi *Lommius*, dans son excellent *Tableau des Maladies*, prétend que la pléthore est constatée quand on rêve qu'on a une crête de coq. Actuellement, comme au temps de *Tite-Live*, on parle de pierres tombées du ciel, et *Biot* discutera savamment tous les récits de l'histoire à ce sujet; mais *de Thou*, le sage *de Thou*, parle d'une pluie de froment en Carinthie, l'an 1548; elle dura deux heures, et l'on en fit, dit-il, d'excellent pain (1). Il faut bien que tous les siècles ayent quelque ressemblance. N'a-t-on pas cité dernièrement une pluie de graines vers Léon, en Espagne? C'est, dit-on, une espèce de lupin (2).

Dans *Charles Estienne* et *Liebaut* sont insérées des recettes pour guérir les bœufs ensorcelés. Dans le chapitre de la médecine des poules, on conseille de leur faire tiédir l'eau quand elles sont enrhumées, de les laver avec du lait de femme quand elles ont mal aux yeux. Il faut porter aux doigts une bague de diamans pour prévenir les fausses couches, etc.

Cependant on doit savoir gré à *Charles Estienne* d'avoir, le premier, en France, depuis la renaissance des lettres, écrit sur l'art rural. Son ouvrage, dont on a plus de trente éditions, et qui fut traduit en plusieurs langues, dut ce succès, non seulement à l'importance du sujet, mais encore aux contes dont il fourmille, parce qu'ils étoient analogues à l'esprit du temps. N'en lit-on pas d'aussi étranges dans d'autres auteurs contemporains, tel que *Élie Vinet*, qui assure, d'après *Sethi*, qu'un enfant aura de l'esprit, si, dans le cours de la grossesse, la mère a mangé beaucoup de coings (3); tel que ce *Mizauld*, qui conseille, pour détourner la grêle, de présenter un miroir à la nuée lorsqu'elle approche; en se voyant si laide, elle reculera d'effroi, ou, trompée par sa propre image, elle croira voir une autre nuée à qui elle cédera la place (4).

Nous avons dit que la météorologie n'a pris naissance que dans le siècle dernier: cela ne signifie pas qu'auparavant on n'avoit fait aucune tentative pour soumettre à des règles certaines la connoissance des météores, mais seulement qu'on n'avoit pas encore assez de données acquises pour en former un corps de doctrine. Peut-on même déjà donner le nom de science à quelques observations incohérentes? Ce qu'on trouve, au seizième siècle, de moins absurde sur ce sujet, est l'ouvrage de *J. B. Porta* (5). A cette époque, le bétail, les semailles, et quelquefois la politique, étoient soumis aux décisions des astrologues. Dès le quinzième siècle, on trouve une espèce d'almanach, c'est le *Compost ou Calendrier des bergers*, qui a été réimprimé jusques dans le dix-huitième siècle. L'Europe fut inondée et l'esprit du peuple fut empoisonné par ces ouvrages, où, après avoir établi comme vérité incontestable le

(1) *Historiarum sui Temporis, etc. Londini*, 1733, in-fol., lib. V. Dans ce même livre, il assure qu'à Paris, rue Saint-Merry, on a vu un poulet ayant quatre ailes, quatre pieds, deux croupions, qui marchoit à gauche, à droite, devant, derrière, etc., et qui vécut deux jours.

(2) *Annales de l'Agriculture françoise, etc. Paris, an XII*, tome XVII, page 247.

(3) *La Maison Champestre et Agriculture. Paris*, 1607, in-4°., page 688.

(4) *Secretorum Agri Enchiridion primum, Hortorum Cultura, etc. Lutetiæ*, 1560, in-8°., lib. I, cap. XIII.

(5) *De Aeris Transmutationibus. Romæ*, 1614, in-4°.

mariage du soleil avec la lune, on en déduisoit l'influence de celle-ci sur tous les élémens, même sur les pierres de taille, le moëllon, les vents du midi et *leurs lieutenans*, ce sont les expressions de ce *Mizauld*, le *Mathieu Lansberg* de son temps, qui semble n'avoir écrit que sous l'inspiration du délire (1). Puisque, à la honte des autorités publiques, on voit encore circuler en Europe des almanachs de Bâle, de Liége; des livres sur les chances de loterie, le tirage des cartes, etc.; puisque les Gouvernemens punissent les erreurs et les crimes qu'ils ont créés ou tolérés, faut-il être surpris que le peuple soit encore superstitieux à tel point, que toutes les folies renaissent ou sont près de renaître? Pourroit-il n'être pas froissé entre l'impiété et le fanatisme, lorsque, par un calcul sacrilége et profondément pervers, on dénature la religion, en lui associant tout ce qui peut la rendre odieuse ou ridicule; lorsque des hypocrites, qui autrefois calomnioient le christianisme en lui imputant des forfaits qu'il abhorre, d'incrédules devenus cagots, calomnient la philosophie, sous prétexte d'abus qu'elle réprouve? Et c'est sous de tels auspices qu'est né le dix-neuvième siècle!

Les phénomènes de la nature proclament l'existence et la puissance du Créateur; mais l'ignorance veut trouver dans tout ce qui l'étonne des prodiges ou des sortiléges. Par suite de cette crédulité, le peuple donne pour auteurs à la plupart des antiques monumens, César, Charlemagne, les Templiers, les fées ou le diable. Et ne dites pas que ces inepties, ou d'autres semblables, ont moins de cours dans les pays protestans : la Suède, l'Allemagne, l'Islande, l'Angleterre, pourroient étaler une longue série de contes aussi niais. Pour ce dernier pays il suffira de renvoyer au *Glossaire* de *Grose* (2) et à l'ouvrage intéressant que vient de publier *Ferry* (3).

On trouve cependant des renseignemens utiles dans divers écrits publiés par ce *Mizauld* (4), et plusieurs fois nous aurons occasion de le citer, ainsi que d'autres auteurs qui, en petit nombre à la vérité, traitèrent incidemment, ou *ex professo*, des objets d'économie rurale.

Jehan de Brie, ainsi appelé parce qu'il étoit de Coulommiers en Brie, écrivoit sous Charles V, en 1379, et si je n'ai pas mentionné son ouvrage avant ceux d'*Estienne*, c'est qu'il ne fut publié qu'en 1542, sous ce titre : *Le vrai régime du gouvernement des bergers et bergères, par le rustique Jehan de Brie, le bon berger. Paris*, 1542, in-12. Ce petit livre, extrêmement rare, et dont je ne connois d'autre exemplaire que celui de la bibliothèque de l'Arsenal, est dégagé d'observances superstitieuses, et assez judicieusement rédigé; il renferme des détails sur le soin des bêtes à laine pour les divers mois de l'année, leurs maladies, le parcage, la propreté des bergeries, les mœurs et l'habillement qui conviennent à un berger. Il est intéressant, même pour la paléographie

(1) *Le Mirouer du Temps. Paris*, 1547, in-8°. — *Le Mirouer de l'Air. Paris*, 1548, in-8°. — *Secrets de la Lune. Paris*, 1570, in-8°.

(2) *A provincial Glossary, etc., with a Collection of local Proverb's and popular Superstitions. London*, 1750, in-8°.

(3) *Londres et les Anglois. Paris, an XII*, in-8°., tome IV, page 138 et suivantes.

(4) Tels que *Hortus Medicus, etc. Lutetiæ*, 1565, in-8°. — *Nova et mira Artificia comparandorum Fructuum, etc. Lutetiæ*, 1564, in-8°.

paléographie de notre langue ; la naïveté du style en rend la lecture agréable.

Tandis que *du Bartas* (1), *Robert le Breton* (2), *Pibrac* (3), *Hegemon* (4), *Gaucher* (5), et quelques autres, les uns en mauvaise prose, les autres en vers détestables, faisoient l'éloge de la vie champêtre, *Antoine Pierre, Cotereau, Darces*, etc., traduisoient en notre langue, encore informe, les anciens Géoponiques (6). Des observateurs, après avoir vérifié par de nouvelles expériences les préceptes de l'antiquité et les aphorismes de la routine, confioient au public les révélations de la nature. Ces connoissances étant devenues vulgaires, on négligea les ouvrages qui les contenoient ; en sorte que plusieurs sont très-rares, ou même introuvables aujourd'hui. Que d'obligations n'avons-nous pas à *Symphorien-Champier* (7), *la Bruyère-Champier*, son neveu (8), *Benoît Court* (9), *la Framboisière* (10), *Gorgole de Corne*, le Frère *Dany*, *Nicolas du Mesnil* (11), *Prudent le Choyselat* (12), *Landric* (13) ! Il en est d'autres, dont les noms sont conservés et les écrits indiqués dans les bibliothèques françoises de *la Croix-du-Maine* et de *du Verdier* (14).

Je reviens un moment sur *Gorgole de Corne*. Dans son ouvrage est un chapitre sur le *parciquier*, qu'ailleurs il nomme *perciquier*, et que *Landric* appelle *perceguier* ; ce n'est pas le pavie, car le dernier les distingue. Seroit-ce le pêcher, qu'en italien on nomme également *pesco* ou *persico*, et que *Gorgole de Corne*, qui étoit Florentin, auroit francisé ? Non ; car il dit que le *pescher s'ente mieulx au parciquier*. La description qu'il donne de ce dernier est insuffisante pour déterminer à quel arbre correspond ce mot dans la nomenclature actuelle de la botanique ; mais il paroît certain que c'est une division du genre des pêchers. D'un autre côté, les mots *parciquier*, *perciquier*, *perceguier*, ne se trouvent pas dans les glossaires de notre ancien

(1) *Les OEuvres de Guillaume de Saluste, seigneur du Bartas. Paris*, 1583, in-12. Les pièces réunies dans ce volume avoient déjà été imprimées séparément.

(2) *Agriculturæ Encomium. Parisiis*, 1539, in-4°.

(3) *Les Plaisirs de la Vie rustique. Paris*, 1577, in-8°.

(4) *La Colombière, et Maison Rustique. Paris*, 1583, in-8°.

(5) *Les Plaisirs des Champs. Paris*, 1583, in-4°.

(6) *Les XX Livres de Constantin César, ausquelz sont traictez les bons enseignemens d'Agriculture. Poictiers*, 1543, in-fol. — *Les Douze Livres de Lucius Junius Moderatus Columella des Choses Rusticques. Paris*, 1551, in-4°. — *Les Treze livres des Choses Rusticques de Palladius Taurus AEmilianus. Paris*, 1553, in-8°.

(7) *Hortus Gallicus. Lugduni*, 1533, in-8°. — *Campus Elysius Galliæ. Lugduni*, 1533, in-8°.

(8) *De Re Cibariâ, libri XXII. Lugduni*, 1560, in-8°. Livre savant et plein de recherches.

(9) *Hortorum libri XXX, in quibus continentur Arborum historiæ, etc. Lugduni*, 1560, in-fol.

(10) *Le Gouvernement nécessaire à chacun pour vivre longuement en santé. Paris*, 1600, in-8°.

(11) Les écrits de ces trois auteurs, publiés d'abord séparément, ont été réunis sous le titre de *Quatre Traitez d'Agriculture, et Manière de planter, arracher, labourer, semer, et amander les Arbres sauvages, etc. Paris*, 1560, in-8°.

(12) *Discours oeconomique, monstrant comme de 500 livres, l'on peult tirer par an 4,500 livres, etc. Paris*, 1569, in-8°.

(13) *Advertissement et Manière d'enter asseurément les arbres en toutes saisons, etc. Bordeaux*, 1580, in-8°.

(14) Nouvelle édition, publiée par *Rigoley de Juvigny. Paris*, 1772, 6 vol. in-4°.

langage, tels que ceux de *Ménage*, *Borel*, *Lacombe*, etc. *Du Cange* traduit cependant *persicarius* par le mot *pescher*. N'ayant pu résoudre ce problême, je l'indique aux recherches des lecteurs (1).

Belon, qui, dans ses longs voyages, avoit recueilli des connoissances étendues sur la culture, voulut stimuler le zèle de ses compatriotes, et consigna ses vues dans ses *Remontrances sur le défaut du labour et culture*, imprimées à Paris, en 1558, in-8°. (2).

Bernard Palissy, potier de terre en Saintonge, mort vers la fin du seizième siècle, écartant, par la force de son génie, les obstacles d'une éducation non cultivée, et s'élevant au-dessus de ses contemporains, composa des ouvrages qui lui ont fait une réputation posthume, et qui, partant, n'est pas usurpée (3). *Charles Estienne* ne vouloit pas que les cultivateurs sussent lire et écrire, de peur qu'ils ne s'en prévalussent; *Palissy*, plus sensé, forme un vœu contraire; il désire, au surplus, qu'on ramène la Nation à la vie simple et frugale : mais, malheureusement, *l'ambition et l'avarice ont*, dit-il, *rendu presque tous les hommes fous et leur ont quasi pourri la cervelle*. Qu'auroit-il dit s'il eût vécu de nos jours? Il traite en maître diverses parties de la science économique, et se fâche contre les instrumens aratoires du Bigorre, qu'il trouve d'une exécution lourde et mauvaise.

Les brûlis dont parle *Virgile*, pour fertiliser les terres (4), sont depuis long-temps pratiqués dans le nord, particulièrement en Suède. On peut à cet égard consulter la *Collection académique* (5), qui présente simultanément l'abus de cette opération; car si des taillis brûlés se recouvrent quelquefois de bois dans l'espace de vingt ans, à la longue ces terreins deviennent stériles par le feu. On a même contesté l'utilité de l'écobuage, qui consiste à enlever la superficie du sol avec le gazon et les racines, qu'on sèche et qu'on embrase au moyen de petits bâtis en bois, disposés d'espace en espace. *Palissy*, dans son *Traité des Sels*, en parle comme d'une chose inconnue en France, excepté dans quelques cantons des Ardennes (6).

On peut voir dans les savans mémoires de notre collègue *Ameilhon* ce qu'ont fait les Anciens pour rendre à la terre fatiguée les principes productifs (7); cet art, qui est fondamental en agriculture, occupa beaucoup *Bernard Palissy*.

Quiqueran de Beaujeu, évêque de Senez, sans l'égaler en talens, déploya le même zèle pour cette branche d'économie rurale. Dans son *Éloge de la Provence*, il nous apprend que les laboureurs de ce pays ne fumoient jamais

(1) Dans le *Dictionnaire Languedocien-François*, par l'abbé *de Sauvages*, imprimé à *Nismes* en 1785, on trouve *passegré* et *pessegré*, pêche. L'auteur observe avec raison, que la pêche quitte le noyau, ce que ne fait pas le pavie. Vers Bordeaux, on a plusieurs variétés, jaune, rouge, etc., du fruit nommé *perseig* ou pêche mâle; mais on m'observe qu'ici la pulpe adhère au noyau, et que c'est le pavie.

(2) Voyez aussi son *Traité des Arbres résineux conifères*. *Paris*, 1553, in-4°.

(3) Voyez ses œuvres, publiées par *Faujas de Saint-Fond*. *Paris*, 1777, in-4°.

(4) *Sapè etiam steriles incendere profuit agros.* (Georg. lib. I, v. 85.)

(5) Partie étrangère, tome XI, page 352.

(6) Voyez aussi, à la suite du second Lieu, ci-après, pages 167 et 168, les notes (1) et (8) de notre collègue *Yvart*, sur cet objet.

(7) *Mémoires publiés par la Société d'agriculture du département de la Seine*. *Paris*, *an IX*, in-8°., tomes III et IV.

leurs terres ; en sorte que leur travail n'est guère, dit-il, que semer et moissonner (1). Tel, ajoute-t-il, n'ensemence son champ qu'à la quatorzième raie, croyant par-là suppléer au fumier. L'auteur est loin de partager cette opinion, et il censure la paresse de ses compatriotes à cet égard, quoique d'ailleurs il loue leur zèle pour l'agriculture.

L'ouvrage de *Quiqueran* est indigeste et confus. Semblable à ce prédicateur dont parle *Erasme*, qui de la Trinité passe à la quadrature du cercle, *Quiqueran* intercale dans les détails ruraux une longue digression contre *Cicéron*, etc. ; mais son livre est utile pour connoître les procédés agronomiques de son pays et de son temps. A point nommé, dit-il, on voit arriver des troupes de Savoyards au pied ferré, sales, rudes, laborieux, pour faire la moisson en Provence. L'histoire ne doit pas dédaigner ces migrations périodiques d'une contrée dans une autre, pour y exercer quelques branches d'industrie : telles sont celle de ces estimables Savoisiens répandus dans toute la France ; celle des habitans de la Bresse et du Bugey, pour peigner les chanvres ; celle des Limosins, des Auvergnats, des Gallegos en Espagne, des Westphaliens qui, au nombre de quarante mille, vont annuellement en Hollande pour la fauchaison, l'extraction des tourbes, etc. Je ne sais pourquoi on y a, de ces hommes utiles, une opinion voisine du mépris.

Du temps de *Strabon*, on trouvoit la vigne sur les côtes méridionales de la France, quoique, suivant le même auteur, le raisin mûrît difficilement au nord des Cévennes. Bientôt les défrichemens ayant rendu le pays moins humide, la vigne s'avança rapidement vers le nord, à tel point, que sept ou huit siècles après, on la trouvoit dans des contrées qui ne l'ont plus : tels sont le pays de Caux, les environs de Caen, le Bec, Jumiège, Corbie, l'Artois, la Belgique. *Baccius* dit que Louvain se glorifie de ses vendanges (2). Au surplus, la latitude n'est pas la seule règle d'après laquelle on puisse déterminer la possibilité de cette culture : la hauteur des montagnes qui servent d'abri, une heureuse exposition, et d'autres causes, doivent entrer dans les élémens de ce calcul.

Deux fois les vignes furent arrachées en France, par l'ordre de deux hommes dont les noms ne réveillent que des sentimens d'horreur, Domitien et Charles IX. Ce dernier fit détruire une partie de celles de la Guyenne. Henri III, en 1577, modifia cette injonction, en recommandant seulement aux gouverneurs des provinces d'empêcher que la culture de la vigne n'acquît une extension préjudiciable à celle du froment. Une ordonnance de police avoit déjà statué la même chose, deux ans auparavant.

La vigne avoit été, jadis, cultivée jusques dans les emplacemens qui forment le centre de Paris ; car, en 1160, Louis-le-Jeune avoit assigné au curé de Saint-Nicolas six muids de vin, à prendre annuellement sur le produit d'une pièce de vigne qui étoit dans les jardins du Louvre (3).

(1) *De Laudibus Provinciæ. Parisiis*, 1551, in-fol., lib. I, cap. XV. Cet ouvrage a été traduit en françois par *F. de Claret*, sous ce titre : *La Nouvelle Agriculture, ou Instruction générale pour ensementer toutes sortes d'arbres fruictiers, avec divers traictez des couleurs et naturel des animaux, etc. Tournon*, 1616, in-8°.

(2) *De Naturali Vinorum Historia, etc.* lib. VII, pag. 338.

(3) *Histoire de la Vie privée des Français. Paris*, 1782, in-8°., tome I, page 150.

D'autres quartiers de Paris, depuis long-temps couverts de maisons, l'étoient alors par la vigne. *De la Marre* mentionne spécialement les deux grands vignobles de la montagne Sainte-Geneviève et du territoire de Laas, où sont à présent les rues Saint-André-des-Arcs, Serpente, de la Harpe, etc. (1).

Le Falerne, le Massique, le Cecube, sont déchus de leur réputation. La même chose est arrivée aux vins des environs de Paris, qui ont cependant conservé leur crédit jusqu'à des époques très-récentes. *La Bruyère-Champier*, *Baccius*, *Paulmier*, et après eux, *Hartlib* et l'abbé *de Marolles*, en font encore l'éloge. On citoit particulièrement ceux d'Argenteuil, de Marly, de Ruelle et de Montmartre. *Paulmier*, copié textuellement par *la Framboisière*, dit que ces vins convenoient sur-tout aux citoyens des villes et aux gens sédentaires (2). *La Bruyère-Champier* vante les vins de Toulouse, de Bordeaux, d'Orléans, d'Angers (3); celui d'Arbois étoit déjà estimé du temps d'Henri IV, qui en fit donner au duc de Mayenne; mais le vignoble de Coucy, en Picardie, planté par les ordres de François Ier., étoit considéré comme le plus précieux, par ses produits, qu'on réservoit au roi (4). Des poëtes ont plaidé, en beaux vers, sur la préférence à donner au champagne ou au bourgogne; peut-être est-il plus aisé de juger ce procès, que de résoudre la difficulté relative au temps où ces vins commencèrent à être cités (5).

Grégoire de Tours avoit parlé avantageusement des vins de Mâcon et de Dijon (6); ceux de Reims et autres cantons voisins, sont loués dans une lettre de *Pardule*, évêque de Laon, adressée à *Hincmar* (7). *Béguillet*, voulant contester aux vins de Champagne une réputation déjà fort ancienne, oppose à ces témoignages irréfutables, et qu'on pourroit fortifier de plusieurs autres, une présomption fondée sur ce que, pour le sacre des rois, on envoyoit à Reims des vins de Bourgogne (8). Les fêtes splendides qui accompagnoient une cérémonie à laquelle on attachoit alors de l'importance, devoient naturellement y amener tous les moyens de varier les plaisirs et de flatter la sensualité, voilà tout ce qu'on peut en conclure. D'autres se sont également trompés, en citant *Pérignon*, bénédictin de l'abbaye de Hautvilliers, comme celui à qui le champagne doit sa réputation; mais il en a perfectionné la manipulation, sur-tout par l'art d'assortir les raisins de différens vignobles. C'est ce qu'on lit dans *Pluche* (9), qui impute à *Brossette* d'avoir, dans ses notes sur *Boileau*, pris le nom de *Pérignon* pour celui d'un coteau (10).

(1) *Traité de la Police. Paris*, 1705, in-fol., tome I, page 76; tome III, page 524.

(2) *De Vino et Pomaceo, libri II. Parisiis*, 1588, in-8°. — *Le Gouvernement nécessaire à chacun, etc.*, chap. XIII.

(3) *De Re Cibariâ, etc.*, lib. XVII, cap. I, pag. 913.

(4) *Paulmier* et *la Framboisière*, *ibid.*

(5) Voyez à la suite du troisième Lieu, la note (110) de notre collègue *François* (*de Neufchâteau*), ci-après, page 469.

(6) *Recueil des Historiens des Gaules et de la France, par D. Bouquet. Paris*, 1739, in-fol., tome II, page 197.

(7) *Opera omnia. Parisiis*, 1644, in-fol., tom. II, pag. 838.

(8) *OEnologie, ou Discours sur la meilleure manière de faire le Vin, etc. Dijon*, 1770, in-12, page 30.

(9) *Spectacle de la Nature. Paris*, 1732, in-12, tome II, page 359.

(10) Cette bévue de *Brossette* ne se trouve pas dans l'édition des *OEuvres de Boileau*, imprimée à Paris, en 1747, in-8°.

Au seizième siècle, *Liebaut* comptoit dix-neuf sortes de raisins; OLIVIER DE SERRES en trouvoit beaucoup plus (1): *le Grand d'Aussi* prétend qu'il y en a trois cent variétés en Europe (2). Quand on lit les ouvrages qui traitent de l'œnologie, il est difficile, et souvent impossible de se faire des notions justes sur ces variétés. La disparité des langues et celle des dénominations usitées, même dans des cantons voisins, forment un cahos où s'éclipse la lumière, où se perd la patience. Qui pourroit assigner les diverses sortes de raisins auxquelles correspondent celles qui sont indiquées dans *Porta* (3)? Les écrivains géoponiques, en général, ont négligé la synonymie, si nécessaire pour l'intelligence de leurs écrits.

Quant à la manière de soigner la vigne, souvent elle fut subordonnée, comme toutes les autres cultures, aux rêveries astrologiques et alchimiques. *Mizauld* conseilloit, d'après les Anciens, copiés en cela par *Liebaut*, d'arroser les ceps avec certaines drogues purgatives.

Il paroît que l'art de faire des rapés étoit connu dès le douzième siècle, de même que celui de faire du vin blanc avec des raisins noirs. Il y a plus de cent ans que, dans certains cantons du Bordelois, on mêloit du sucre avec le vin, pour le rendre meilleur (4). Ce procédé peut être avantageux, ainsi que les foudres en maçonnerie, qui étoient en usage du temps d'OLIVIER DE SERRES (5); et l'on devroit au moins avoir la pudeur de ne pas les annoncer comme des découvertes.

Arnaud de Villeneuve parle de la préparation des eaux-de-vie; *Dutens* croit qu'elle n'étoit pas ignorée des Anciens. En 1646, fut publié un ouvrage sur cet objet, composé anciennement par *Brouaut* (6). Je lis, dans *Helyot*, que les Jésuates, dont l'ordre fut supprimé en 1668, par Clément IX, s'occupoient, non seulement à préparer des médicamens pour les pauvres, mais encore à distiller des eaux-de-vie, d'où leur vint le nom *gli padri dell' acqua vita* (7). Mais l'époque à laquelle on imagina d'extraire de l'eau-de-vie du marc des raisins paroît plus tardive: *Durival* la fixe à l'an 1696 (8); j'ignore sur quelle autorité. Diverses autres substances ont été employées à cet usage, les cerises, les prunes, la baie de sureau, la pomme de terre, etc. Il y a long-temps que les Suisses tirent, du fruit de la ronce, une liqueur qu'ils estiment.

L'art de conserver les vins étoit bien imparfait vers 1560, car *la Bruyère-Champier* cite comme une merveille, que des vins de Bourgogne se soient gardés six ans. Dans les caves de l'hôpital, à Strasbourg, on avoit encore, il y a quelques années, ce qu'on appeloit du *vin de Luther*. Cette indication annonce plus de deux siècles. Ce vin étoit, à la vérité, d'une saveur désagréable. *Crusius* nous fournit un fait analogue à celui qu'on vient de lire. De son temps (vers la fin du seizième siècle), une inscription attestoit que le vin contenu

(1) Voyez, troisième Lieu, page 215, et la note (11) de notre collègue *Cels*, à la suite de ce Lieu, page 316 et suivantes.

(2) *Histoire de la Vie privée des Français*, tome III, page 247.

(3) *Villæ, etc.*, lib. VI, cap. IV.

(4) *Histoire de la Vie privée des Français, etc.*, tome III, page 247.

(5) Lieu troisième, chap. VI, page 264.

(6) *Traité de l'Eau-de-vie, ou Anatomie théorique et pratique du Vin. Paris*, 1646, in-4°.

(7) *Histoire des Ordres Monastiques, etc. Paris*, 1714, in-4°., tome III, page 417.

(8) *Description de la Lorraine. Nancy*, 1778, in-4°., tome I, page 88.

dans le foudre de Heidelberg, y avoit été mis en 1343 (1); on n'en conclura pas sans doute qu'il fût identiquement le même, mais que les quantités de liqueurs soutirées partiellement à diverses époques avoient été remplacées par d'autre vin d'une date plus récente, et qui, par-là, se trouvoit combiné avec celui qu'on y avoit mis au quatorzième siècle.

Les Anciens ont-ils connu le cidre? L'affirmative est prouvée par des passages de *Pline* et d'autres auteurs. On prétend néanmoins que l'usage de cette boisson, en France et en Angleterre, n'a guère que trois siècles. *Paulmier* dit que les Basques et les Normands s'en disputoient l'invention (2). *Du Perron* nous apprend que, quand la Normandie en manquoit, elle en tiroit de la Biscaye. *Paulmier* ajoute que, depuis un temps immémorial, on en faisoit dans le Cotentin; mais qu'à Rouen on n'en buvoit que depuis environ cinquante ans. Cet écrivain espéroit que bientôt, dans diverses maladies, le cidre seroit recommandé par préférence au vin. Le versificateur *Saint-Amand,* plus exagéré que le poëte *Philips,* cité précédemment, ne se contente pas, dans une pièce de vers sur le cidre, de lui donner la préférence sur le vin; si on l'en croit, le cidre est l'or potable que la chimie a préconisé (3).

Il n'entre pas dans mon plan de parler des autres liqueurs inventées par le besoin, ou raffinées par le luxe. La médecine a beaucoup raisonné sur les boissons chaudes qui, actuellement admises dans toute l'Europe, n'étoient pas connues au seizième siècle. *Ellis,* dans un traité sur le café (4), où souvent il a copié celui de *Galland* (5), dit qu'en 1555 la décoction de ce fruit étoit déjà usitée en Turquie. Les prédicateurs musulmans l'attaquèrent par des déclamations. Un muphti décida que les amis du café étoient ennemis de la loi de Mahomet. Un successeur de ce muphti décida le contraire.

Pierre de la Vallé écrivoit, en 1615, de Constantinople, qu'à son retour à Venise il rapporteroit du café pour le faire connoître à l'Italie (6). Il paroît que cette féve ne fut apportée en France qu'en 1644, par des voyageurs de Marseille; et *Galland* raconte que *Thevenot,* revenu d'Orient en 1658, aimoit cette boisson, dont il régaloit ses amis.

Le chocolat nous vint vers 1661. L'introduction du thé est antérieure, elle date au moins de l'an 1636 : il est devenu tellement à la mode, que, dans certains pays, comme l'Angleterre, la Hollande, *déjeûner* y signifie exclusivement, boire du thé et manger des beurrées.

On a beaucoup parlé du luxe des tables chez les Romains. Jusqu'à nous retentit le scandale des festins de Lucullus, de Cléopâtre, qui, cependant, ne connurent jamais divers alimens, ni une foule de superfluités que le luxe moderne a convertis en besoins; mais aussi on exclut de nos tables des mets vantés chez les Anciens; tel est le lupin, qui n'est pas banni des tables en Espagne, en Corse et ailleurs;

(1) *Annalium Suevicarum, etc.*, tom. II, pars III, lib. IV, cap. XIII, pag. 242.

(2) *De Vino et Pomaceo, etc.*, pag. 38.

(3) Voyez ses œuvres. *Paris*, 1642, in-4°., tome I, page 386. Il a fait aussi un poëme sur le melon.

(4) *An historical Account of Coffee, etc. London*, 1774, in-4°.

(5) *De l'Origine et Progrès du Café. Caen*, 1699, in-12.

(6) *Viaggi, etc. In Roma*, 1650, in-4°., tom. I, let. III, pag. 154.

ils mangeoient aussi plusieurs espèces d'animaux, qui sont encore aujourd'hui recherchés dans certaines contrées, tandis que d'autres les repoussent avec horreur. Ainsi à la Chine on mange le ver du hanneton (le *man*), et les Sardes s'accommodent fort bien de la viande de jeunes chevaux. Ainsi les Romains, amateurs d'escargots, avoient des lieux destinés à les engraisser (1) : ce parcage s'est maintenu dans la ci-devant Lorraine et le pays de Trèves. Il n'est pas rare d'y voir des *escargotières ;* ainsi nomme-t-on des endroits où au milieu des pierrailles et de la mousse sont déposés des milliers d'escargots : on les entoure d'une enceinte en maçonnerie, sur laquelle s'élève une cloison en fil-d'archal, à pointes recourbées, pour empêcher ces animaux de s'échapper. Dans un ouvrage élémentaire sur l'agriculture, *Schroenius* indique la forme convenable à ces bâtimens (2) ; et l'on trouve une description de l'escargotière des Capucins de Fribourg, en Suisse, dans *Addisson*, qui, n'ayant jamais rien vu de semblable, en parle avec étonnement (3).

En 1530, *Étienne Daigue,* ou *de Laigue,* publia son traité des tortues, escargots, grenouilles, etc. (4). *La Bruyère-Champier* et *Gontier* parlent de l'escargot comme aliment. Des côtes de l'Océan on en fait quelquefois des envois dans les Colonies (5) : on en mange en Espagne, en Allemagne, etc., mais très-peu à Paris, quoiqu'il y en ait beaucoup dans le voisinage, entr'autres à Romainville. A cette occasion, j'observerai que des circonstances locales ont quelquefois amené certaines branches de culture ou d'industrie, et j'intercale ici, sur le régime diététique, quelques observations qui se rattachent à mon sujet.

Sir *Joseph Banks*, à qui les sciences et les savans ont tant d'obligations, a inséré, dans les *Mémoires de la Société des Antiquaires de Londres,* un mémoire, jusqu'alors inédit, de l'an 1605, qui présente dans un très-grand détail le tableau des officiers dont se composoit la maison d'un gentilhomme, et de leurs devoirs respectifs, receveur, contrôleur, écuyer, dépensier, etc. (6). Dans les notes destinées à éclaircir le texte, on avoue que certains alimens dont il parle, sont actuellement inconnus, et l'on ne sait à quelle espèce d'oiseaux appliquer les noms de quelques-uns indiqués dans cet ouvrage ; il en est d'autres, très-connus, qu'on trouve avec surprise dans le menu d'un cuisinier : telle est la cicogne (stork), qui est un manger détestable. Un ouvrage analogue à celui qu'on vient de citer, fut imprimé à Paris, en 1692. La dépense annuelle de table, chez un homme riche, ayant tous les jours douze couverts, soir et matin, y est évaluée à 11,880 livres 15 sols (7).

C'est encore au seizième siècle que nos régions septentrionales acquirent divers

(1) *Varron*, livre III, chap. XIV.

(2) *Syntagma de Rebus Rusticis et OEconomicis*, etc. *Erfordiæ*, 1735, in-8°., pag. 339.

(3) *Remarques sur divers endroits d'Italie*, à la suite du *Voyage de Misson. Paris,* 1722, in-12, tome IV.

(4) *Singulier Traicté, contenant la propriété des Tortues, Escargots, Grenoilles, et Artichaultz. Paris,* 1530, in-4°.

(5) *Histoire de la Vie privée des Français, etc.*, tome II, page 137.

(6) *Copy of an original Manuscrit entitled, a breviate touching the Order and Governement of a Nobleman's House*, dans l'*Archæologia or Miscellaneous Tracts, relating to Antiquities. London,* 1800, in-4°., tom. XIII, pag. 315 et suivantes.

(7) *La Maison réglée, etc., par Audiger. Paris,* 1692, in-12.

poissons, entr'autres la carpe, dont la patrie, suivant *Bloch*, est le midi de l'Europe. La carpe a été portée en Hollande, en Suède; *Mascall* la procura, en 1514, à l'Angleterre, et *Pierre Oxe*, vers l'an 1560, au Danemarck (1).

Le Grand d'Aussi s'appuie de divers témoignages, pour prouver qu'autrefois, en France, on a mangé de la baleine, et il ne cite pas l'*Histoire du Siège de Metz*, insérée dans les *OEuvres d'Ambroise Paré* (2), qui lui en auroit fourni une nouvelle preuve. On lit dans *Thunberg*, qu'au Japon beaucoup de pauvres ne vivent que de chair de baleine (3). Il en est de même, au rapport d'*Anderson*, dans les îles Feroë (4).

L'usage de manger de l'ânon, introduit par Mécène, fut renouvelé par le chancelier Duprat, son digne imitateur, comme partisan de la tyrannie. On conçoit que, si ces alimens étoient encore à la mode, ainsi que les salades faites des sommités de mauve, de houblon (5) et de brione, dont parle *la Bruyère-Champier*; si l'usage de se parfumer avec du beurre, qui existoit peut-être du temps de Déjotarus, s'étoit maintenu, la pêche de la baleine, l'éducation des ânes, la culture des plantes qu'on vient d'indiquer, le prix du beurre, etc., auroient éprouvé des modifications.

Et voyez quelle bizarrerie dans ce qui tient au régime diététique : autrefois, en France, on faisoit toujours germer les légumes avant de les faire cuire (6). *Baccius* et *Théodore de Muyden* ont discuté l'importante question de savoir si les Anciens ont bu froid ou chaud (7); *la Bruyère-Champier* nous apprend que, dans le Lyonnois et le Vivarais, des personnes qui avoient l'habitude de boire de l'eau chaude, ont vécu très-long-temps (8).

On voit, par la règle de saint Chrodegand, évêque de Metz, que, de son temps, la faîne et le gland servoient encore de nourriture à l'homme. A mesure que les campagnes se couvrirent de moissons, les plantes céréales lui fournirent sa subsistance; la disette seule obligea de recourir quelquefois au gland : c'est ce qui arriva en 1548, dans le Mans, ainsi que l'assure *du Bellay*; et certes, ce n'étoit pas le gland doux (*quercus esculenta, L.*) que l'on trouve dans le midi de l'Espagne, et qu'on pourroit avoir sur les côtes méridionales de France. Mais des naturalistes prétendent que le mot *gland*, dans les auteurs, a quelquefois une acception étendue, et désigne, en général, les fruits sauvages.

En Provence, le froment étoit, selon *Quiqueran*, le seul grain employé pour la nourriture des hommes. Il ajoute que, même dans les temps de disette, on ne donne pas aux chiens du pain d'avoine, dont usent les Écossois. *Johnson*, dans son *Dictionnaire Anglois*, définit l'avoine, un grain qui sert pour nourrir les chevaux en Angleterre et les hommes en Écosse. Une plaisanterie n'est

(1) *Ichtyologie, ou Histoire Naturelle, générale et particulière des Poissons. Berlin*, 1785, in-fol., tome I, page 77.

(2) *Paris*, 1628, in-fol., page 1209.

(3) *Voyage au Japon, etc.*, tome IV, page 4.

(4) *Histoire Naturelle de l'Islande, etc. Paris*, 1750, in-12, tome I, page 204.

(5) On mange encore du houblon dans la Belgique.

(6) *Beckmann, Beytræge zur Geschichte der erfindungen, etc.*, tom. II, pag. 404.

(7) *De Naturali Vinorum Historiâ*, l. IV, pag. 173. — *Della Natura del Vino e del Ber caldo o freddo. Parma*, 1608, in-8°.

(8) *De Re Cibariâ, etc.*, lib. XVI, cap. XV.

n'est pas une définition. Les Norvégiens aiment beaucoup le pain d'avoine. *Poncelet* dit en avoir mangé, dans le Walt-land (1), qui étoit supérieur à tout autre; il est fâcheux qu'il n'ait pas décrit le procédé par lequel on le prépare. Ces faits répondent à ceux qui nient les propriétés alimentaires de l'avoine : on en tire d'ailleurs un bon gruau. *La Bruyère-Champier* le mentionne comme une invention récente (2); et cependant, dès l'an 1506, ce mets étoit, dit-on, usité en Bretagne. *Liebaut* nous apprend que cette province et l'Anjou en faisoient une grande consommation.

La Framboisière, médecin de Henri IV, vantoit l'orge mondé (3). On en mange beaucoup dans quelques départemens de l'est de la France, tandis qu'à Paris cet aliment sain et peu coûteux est presque inconnu.

Les temps de famine étoient autrefois encore plus calamiteux que de nos jours, et ces fléaux étoient plus fréquens. *Maret*, le père, compte dix famines dans le dixième siècle, et vingt-six dans le onzième (4). Les principes d'administration relatifs à la circulation des grains, trop peu connus, étoient étouffés sous les trames des accapareurs : on affamoit une province, pour maintenir l'abondance ailleurs. En 1564, un règlement de police, à Paris, défend aux boulangers d'acheter au marché plus d'un demi-muid de blé, et aux pâtissiers plus d'un setier, sous peine de, etc.; en 1567, une ordonnance du Conseil du roi, en prohibant l'exportation, établit la liberté commerciale dans l'intérieur; dix ans après, une autre ordonnance renouvelle ces dispositions, et prohibe la vente à l'étranger, sinon en payant un droit déterminé; mais en 1604, lorsqu'une famine horrible désoloit le Languedoc, le roi ayant permis de tirer des grains de Bourgogne et d'autres provinces, le Parlement s'y opposa, sous prétexte qu'on faisoit sortir les blés.

Anciennement le mal s'aggravoit encore par le morcellement de la France en plusieurs États, dont chacun ayant sa législation particulière, à la moindre apparence de disette, défendoit sévèrement l'exportation des comestibles. C'est ce qu'avoit fait, en 1333, Humbert II, en Dauphiné : il interdit la sortie des blés, des bœufs, des moutons, des vins, etc.

Ajoutez enfin, que diverses plantes alimentaires, qui sont pour nous d'un grand secours, n'étoient pas encore connues en Europe. On étoit moins éclairé sur la nature de celles auxquelles on pouvoit recourir passagèrement, et sur

(1) *Histoire Naturelle du Froment. Paris*, 1779, in-8°., pages 213 et 214. Où est situé le Walt-land ? je l'ignore. Ce mot, en allemand, avec un d au lieu d'un t, signifieroit *pays de forêts:* il est quelquefois employé, par opposition à Korn-land, *pays de blé*.

(2) *De Re Cibariâ, etc.*, lib. V, cap. XX, pag. 367.

(3) *Gouvernement nécessaire à chacun pour vivre longuement, etc.*, livre I, chap. X. — *Advis utile et nécessaire pour la conservation de la santé, contre les injures du temps. Paris*, 1637, in-8°. On y voit, page 4, que, de son temps, les femmes, vêtues aussi indécemment qu'aujourd'hui, sacrifioient déjà leur santé à leur vanité.

(4) *Mémoire dans lequel on cherche à déterminer quelle influence les mœurs des François ont sur leur santé, couronné à Amiens en* 1771. *Amiens*, 1762 (erreur de date, c'est sûrement 1772), in-8°., page 122. Il est à désirer qu'on recueille les mémoires épars de ce savant, et qu'on en donne une édition complète; personne n'est plus en état de le faire que le fils, qui a hérité de ses talens.

lesquelles notre collègue *Parmentier* a publié un traité (1); on l'étoit moins, sur la conservation des grains, sur la manière de prévenir les maladies du froment : telle est la carie dont parle *la Bruyère-Champier*, en 1560; depuis quelque temps, elle affligeoit les cultivateurs des montagnes du Lyonnois. Si on écrase le blé entre les doigts, il s'en exhale, dit-il, une odeur fétide (2). Ces maladies, et les remèdes à y appliquer, ont été l'objet des recherches profondes de *Tillet* (3), de *Ginanni* (4), de notre collègue *Tessier* (5), et de quelques autres.

Plusieurs écrivains, entr'autres *Sacci* (6), regardent le fléau à battre le blé, comme une invention récente, quoique ce moyen soit indiqué par le bon sens.

L'antiquité avoit les moulins à bras et ceux qui ont l'eau pour moteur. Un chroniqueur de la Bohême a soutenu que, depuis douze siècles, dans son pays, on se servoit des moulins à vent ou pneumatiques; c'est le nom que leur donne *Heringius*. Ce dernier allègue des faits qui feroient remonter assez haut cette invention, et néanmoins il la croit moderne (7). Il est vraisemblable que les moulins à vent nous arrivèrent au retour des croisades, auxquelles on doit plusieurs objets d'industrie, de culture, et beaucoup de plantes du Levant : ils sont mentionnés dans les Annales des Bénédictins, sous l'an 1105 (8). *Le Grand d'Aussi*, qui s'appuie de cette autorité, prétend que cette espèce de moulin est souvent représentée dans les anciennes armoiries, quoique d'autres contestent le fait. De grands avantages résultèrent de leur emploi : en 1726, on voulut même les appliquer au labour des terres; mais aucune Nation n'en tire un plus grand parti que les Hollandois, pour tous les genres de mouture, pour broyer le tabac et les bois de teinture, scier les planches, dessécher les marais, etc. A Sardam, sur un myriamètre carré, on compte environ huit cent moulins à vent.

Beckmann croit que le bluteau n'a été introduit qu'au commencement du

(1) *Recherches sur les Végétaux nourrissans, qui, dans les temps de disette, peuvent remplacer les Alimens ordinaires, etc. Paris*, 1781, in-8°.

(2) *De Re Cibariâ, etc.*, lib. IV, cap. X, pag. 263.

(3) *Dissertation sur la cause qui corrompt et noircit les grains de Bled dans les épis. Bordeaux*, 1755, 2 vol. in-4°.

(4) *Delle Malattie del Grano in erba. Pesaro*, 1759, in-4°.

(5) *Traité des Maladies des Grains, etc. Paris*, 1783, in-8°.

(6) *De Italicarum Rerum Varietate, etc.*, lib. I, cap. V, et lib. III, cap. III.

(7) *Tractatus singularis de Molendinis eorumque Jure, etc. Coloniæ Agrippinæ*, 1724, in-fol., pag. 17.

(8) *Annales Ordinis Sancti Benedicti. Lutetiæ*, 1713, in-fol., tom. V, pag. 474. Cette date est rappelée dans l'*Histoire de la Vie privée des Français* (tome I, page 43); mais *le Grand d'Aussi* ajoute qu'elle est citée dans *du Cange*, au mot *Molendinum*, ce qui est une erreur. *Du Cange* (*Glossarium ad Scriptores mediæ et infimæ latinitatis, etc. Parisiis*, 1733, in-fol.) cite un décret de Célestin III, que je n'ai pas trouvé, et une charte de l'an 1205, qu'il dit mentionnée dans *Lobineau*, ce qui est une autre erreur. *Lobineau* (*Histoire de Bretagne. Paris*, 1707, in-fol., tome II, page 390) cite une charte de l'an 1243, qui parle d'un moulin, sans dire s'il est mû par le vent. Ces observations serviront peut-être à faire voir combien d'erreurs se glissent dans les citations, et peut-être, moi-même, suis-je tombé involontairement dans plusieurs.

seizième siècle ; cependant *le Grand d'Aussi* le trouve mentionné dans un poëme du treizième siècle.

La mouture économique, qui consiste à faire repasser plusieurs fois les sons sous la meule, étoit déjà usitée en 1546, ainsi qu'on le voit par une ordonnance du prévôt de Paris ; et c'étoit vers Senlis qu'on avoit perfectionné cette méthode ; mais elle n'étoit pas générale.

Que le levain soit une découverte due au hasard, comme le présument *Goguet* (1) et d'autres auteurs, toujours est-il vrai de dire qu'elle fut extrêmement utile. La levure de bière, au dire de *Pline*, étoit connue des Gaulois (2) : l'emploi en fut interrompu pendant des siècles, et reprit faveur à Paris, dans le seizième, ou, selon *Malouin*, au commencement du dix-septième (3), parce qu'alors on mit en vogue un pain mollet qui, étant plus difficile à faire lever, à raison des substances qu'on y mêloit, eut besoin d'un ferment plus actif, ce fut la levure de bière ; mais les médecins se divisèrent sur ses propriétés, bonnes ou mauvaises : on écrivit, on s'injuria, et vers 1670, la dispute duroit encore (4).

Du temps de *la Bruyère-Champier*, pour faire lever la pâte, on employoit même une eau vineuse, et l'on saloit le pain. Cette dernière pratique, qu'il loue, étoit déjà presque générale en Europe.

A la fin du seizième siècle, la panification étoit peu avancée en Italie, puisqu'on y préféroit les boulangers Allemands, comme plus experts dans ce travail. *Montaigne*, qui, en ce temps-là, visita Plombières, dit qu'on y mangeoit de mauvais pain (5). Les choses ont bien changé : aujourd'hui, il égale celui de Gonesse, dont la réputation date de loin. Ce pain et celui de Gentilly sont cités avec éloge par *Houghton*, Anglois, qui écrivoit en 1681 (6). Les observations de cet écrivain ont eu bien peu d'influence dans son pays, sur l'art de la boulangerie. Ce qu'on nomme pain en Hollande et en Angleterre, n'est guère qu'une pâte échauffée, lourde et très-indigeste ; cependant, l'enseigne de quelques boulangers, à Londres, porte qu'on trouve chez eux du *pain françois*. Jusques dans nos campagnes s'est propagée la méthode pour le bien faire : l'*Avis aux bonnes Ménagères*, par notre collègue *Parmentier*, et l'École de boulangerie, créée à Paris, en 1780, y auront beaucoup contribué.

La Bruyère-Champier (7) et d'autres écrivains croyent que le seigle étoit inconnu aux Anciens. Cette opinion est contredite par *Jean Mathias Gesner*, qui a donné en 1735 une bonne édition des *Géoponiques Latins*, et par *Saboureux de la Bonneterie*, qui les a traduits en françois en 1771 ; l'un et

(1) *De l'Origine des Lois, des Arts et des Sciences. Paris*, 1758, in-4°., tome I, page 97.

(2) *Historia Naturalis*, lib. XVIII, cap. VII.

(3) *Description et détails des Arts du Meûnier, du Vermicellier, et du Boulanger. Paris*, 1767, in-fol.

(4) Voyez, ci-après, à la suite du troisième Lieu, la note (113) de notre collègue *François (de Neufchâteau)*, page 476.

(5) *Journal de son Voyage. Paris*, 1774, in-4°.

(6) *A Collection of Letters for the Improvement of Husbandry and Trade. London*, 1681, in-4°.

(7) *De Re Cibariâ, etc.*, lib. V, cap. XVII, pag. 355.

l'autre pensent que le grain nommé *hexastichum*, dans *Columelle* (1), n'est autre que le seigle : quoi qu'il en soit, ce grain formoit, au seizième siècle, une branche considérable d'agriculture. L'expérience avoit appris qu'il convenoit mieux que le froment dans les terres sablonneuses. La longueur de sa paille, utile pour lier les gerbes, fut un motif de plus, à mesure que la dégradation des forêts rendit plus chers les liens de bois.

La Bruyère-Champier et *Liebaut* parlent de l'escourgeon, qu'ils appellent *scourgeon*, comme d'une plante dont on faisoit cas; l'un et l'autre le croyent, mal-à-propos, un blé dégénéré, peu propre à la panification, et qu'il faut laisser, dit le premier, *rusticorum latrantibus stomachis* (2).

Plusieurs variétés de blé se répandirent successivement : OLIVIER DE SERRES, en 1598, essaya dans son jardin le blé de Smyrne, ou blé de miracle, qui a des épis latéraux; le produit fut de quarante pour un (3).

Mes recherches ne m'ont procuré aucun renseignement sur l'époque où commença la distillation des eaux-de-vie de grains, dont on fait, depuis très-long-temps, un grand usage dans le nord de l'Europe, et qui s'est introduite en France, vers l'époque de la révolution.

Pierre de Crescens, qui vivoit au treizième siècle, ne parle pas du sarrasin : on peut conclure de son silence, qu'alors il n'étoit pas connu. Les témoignages sont assez concordans pour en placer l'introduction dans diverses contrées de l'Europe, au seizième siècle. *Gerarde* prouve qu'il étoit cultivé en Angleterre, avant l'an 1597 (4). *Noël Fail*, auteur des *Contes d'Eutrapel*, publiés en 1587, dit que, sans ce grain connu depuis soixante ans, les pauvres auroient beaucoup à souffrir; et *Schöockius* écrivoit, en 1661, que le sarrasin venu de Pologne étoit cultivé dans la Belgique depuis moins d'un siècle (5). *La Bruyère-Champier*, *Heresbach*, et d'autres auteurs, assurent que ce grain a été tiré de Grèce et d'Asie, *aliove orbe*, dit *Champier*. Le sentiment le plus reçu est qu'il a été communiqué à la France par les Maures ou Sarrasins d'Espagne, à qui nous devons également le maïs, nommé aussi blé d'Espagne, blé de Turquie.

Quelques personnes veulent que nous soyons encore redevables aux Maures du safran, que d'autres disent nous avoir été apporté par un pélerin venu du Levant. La culture de cette plante se trouve mentionnée dans *Ebn-el-Awam*, *Pierre de Crescens*, *Heresbach*, *Quiqueran*, OLIVIER DE SERRES, etc. La France, qui, au seizième siècle, en consommoit plus qu'aujourd'hui, parce qu'alors on en mêloit dans la plupart des alimens (6), en produisoit aussi beaucoup. La Provence, l'Albigeois et l'Angoumois étoient les cantons les plus renommés pour cette culture; elle fut l'objet d'un ouvrage extrêmement rare,

(1) Livre II, chap. IX.

(2) *De Re Cibariâ, etc.*, lib. V, cap. III, pag. 315.

(3) Voyez second Lieu, page 135, et la note (39), à la suite de ce Lieu, page 177.

(4) *The Herball or general History of Plants. London*, 1597, in-fol.

(5) *De Cerevisiâ, etc.*

(6) *Champier, de Re Cibariâ*, lib. IV, cap. II, pag. 239, *de Victu Rusticorum*, se plaint que le luxe a pénétré même dans les villages, où l'on veut des assaisonnemens de poivre, de safran, d'épices, etc. Il regarde cet usage comme une contagion funeste.

sur lequel gardent le silence presque tous ceux qui ont traité du safran. *Le Grand d'Aussi* avoit fait des recherches infructueuses pour le trouver; il a pour titre: *Le Safran de la Rochefoucaut. Poitiers*, 1567, in-4°., de 40 pages. Si, pour cette époque, on avoit un traité analogue sur chaque branche de l'économie rurale, il seroit facile d'en rédiger l'histoire. Un ton de véracité et de naïveté caractérise ce petit livre, où l'on pourroit désirer un peu plus de méthode, mais qui décrit d'une manière intéressante la plantation, la culture, les maladies, la récolte et le commerce du safran. Avant l'année 1520, on en cultivoit peu; l'empressement des acheteurs éveilla l'intérêt, et bientôt cette plante couvrit les campagnes de l'Angoumois, en sorte qu'il en produit assez, dit l'auteur, pour *saouler* toute la Gaule, la Germanie, et plusieurs autres pays. La Rochefoucaut étoit le grand marché: lorsque, dans les environs de cette ville, le sol, fatigué, parut repousser le safran, et se couvrit de froment, la réputation de la Rochefoucaut y conserva l'entrepôt de ce commerce; de toutes parts y affluoient les vendeurs et les acheteurs (1).

La Taille des Essarts prétend que les premiers oignons de safran furent apportés dans le Gâtinois, vers la fin du quatorzième siècle, et que, jusqu'au commencement du dix-septième, on en vendoit beaucoup aux Hollandois et aux Allemands (2). *Guillaume Morin*, qui écrivoit en 1630, assure que ces derniers en achetoient annuellement pour plus de trois cent mille francs, et que ce commerce se faisoit à Boynes, *petite ville champêtre;* ce sont les expressions de l'historien (3). Cette culture a obtenu, dans le Gâtinois, un succès qui, depuis long-temps, lui assure la préférence sur le safran que fournissent encore d'autres contrées.

---

(1) *Le Grand d'Aussi* croyoit que l'ouvrage étoit intitulé, *Traité de la Culture du Safran dans l'Angoumois, par la Rochefoucaut* (*Histoire de la Vie privée des Français*, tome II, page 191). *Duhamel du Monceau*, dans ses *Elémens d'agriculture* (*Paris*, 1762, in-12, tome II, chap. III, *du Safran*, page 241 et suivantes), et *Rozier*, qui l'a copié, dans son *Dictionnaire d'agriculture*, article *Safran*, sont tombés dans la même erreur. L'auteur anonyme annonce qu'il a composé son ouvrage l'an 1560, à Montignac-Charente.

Depuis un an, plusieurs personnes instruites avoient secondé mes perquisitions pour trouver ce livre, mais sans succès. Le sénateur *la Boissière*, étant à Angoulême, eut cependant lieu de s'assurer qu'il étoit à la bibliothèque de cette ville, mais alors sous le scellé; et d'après ma demande, le Ministre de l'Intérieur (le C. *Chaptal*) avoit bien voulu donner des ordres pour le faire venir. Dans l'intervalle, j'ai découvert, enfin, à la Bibliothèque de l'Arsenal, l'exemplaire de 1567, que j'ai cité, faisant suite à plusieurs pièces colligées dans un même volume, et j'en ai découvert un autre exemplaire à la Bibliothèque Nationale, de la même édition, mais portant la date de 1568, indiquée aussi dans *Haller* et dans *Boehmer*.

Je crois ces indications utiles pour stimuler le zèle à conserver les livres. La recherche de tel opuscule qu'on néglige aujourd'hui, parce qu'il est commun, fera peut-être un jour le tourment des savans et des bibliographes. Dans certains pays, il y a une chance de plus contre le sort des écrits qui révèlent des vérités désagréables au despotisme. Par-là s'explique la rareté de certains ouvrages de *Saint-Vincent-Ferrier*, *las Casas*, *Savonarole*, *Althusius*, *Clemengis*, *Pierre d'Ailly*, *Hubert Languet*, *Claude Joly*, *Velasco*, *Ramirez*, *Muratori*, *Pereira*, *Campomanes*, *Tamburini*, *Mineo*, *etc.*

(2) *Mémoire sur le Safran. Orléans*, 1766, in-8°., page viij de l'Avertissement, et page 85 de l'ouvrage.

(3) *Histoire générale des pays de Gâtinois, etc. Paris*, 1630, in-4°.

Quiqueran dit qu'en 1551 les Provençaux tentèrent la culture de la canne à sucre, et sur-tout celle du riz venu d'Orient, qui a été essayée de nouveau en France, à des époques très-récentes. *La Bruyère-Champier* observe qu'elle réussît peu dans le Lyonnois, où cependant on s'en occupa beaucoup, ainsi qu'en Provence, où il fallut régler par un édit la portion de terrein que chaque ville ou village employeroit à cette culture actuellement abandonnée, quoique le gain, dit *Quiqueran*, fût assez considérable. *Le Grand d'Aussi* pense que le riz ayant besoin d'eaux stagnantes, lesquelles auront peut-être occasionné des fièvres, cette considération aura fait négliger une culture qu'il faut laisser au Piémont, où elle prospère.

Nous devons probablement les melons aux conquêtes de Charles VIII, en Italie: ils devinrent communs en France, et furent, en 1586, l'objet d'un traité de *Jacques de Pons*, qui les croit venus primitivement d'Afrique en Espagne et en Italie (1). L'auteur n'est pas de l'avis de *Cardan*, qui auroit voulu extirper à jamais cette plante. Il n'est pas inutile d'observer que, près d'un siècle après (en 1680), le même ouvrage, un peu corrigé pour le style, fut réimprimé et annoncé au frontispice, comme nouvellement mis au jour : il y est dit qu'en Syrie et à Constantinople on trouve une espèce de melon qu'on suspend au plancher et qu'on mange en hiver (2); ce qui prouveroit que le melon d'hiver, si commun en Espagne, et que l'on y conserve jusqu'en Avril, n'étoit pas encore cultivé en France (3).

Olivier de Serres conseille les cloches de verre pour accélérer la maturité des melons : ce conseil même annonce qu'on en faisoit peu d'usage. Le Languedoc étoit vanté pour cette culture ; on ne parloit pas encore des melons de Metz et de Vic, qui acquirent depuis une réputation méritée.

L'Italie nous envoya aussi l'espèce de concombre nommé *serpentin*. Toulouse fut la première ville qui la cultiva. Le même auteur prétend que nous avons tiré la citrouille de Naples et d'Espagne.

Ce dernier pays nous apprit l'usage des truffes, et nous transmit la scorsonère. L'auteur du *Jardinier françois*, imprimé en 1651, prétend l'avoir cultivée l'un des premiers. Le chervi, qu'on néglige actuellement, étoit recherché.

L'épinard, venu de l'Asie mineure, est mentionné dans *Casiri*; par-là même, il est prouvé que les Arabes l'ont cultivé. Il paroît n'avoir pas été connu des Grecs, ni des Romains; c'est l'opinion de *Mizauld* (4), de *la Bruyère-Champier* (5), et de *Boldo* (6). Quelques littérateurs pensent que ce pourroit être le *chrysolaca* des Grecs. Néanmoins *la Bruyère-Champier* assure que cette plante, dont il parle avec mépris, étoit, depuis plusieurs siècles, d'un grand usage, sur-tout à Paris et à Lyon, et que le précepte du

(1) *Sommaire. Traité des Melons. Lyon*, 1586, in-12.

(2) *Ibid.*, page 8.

(3) Un versificateur françois publia un poëme, intitulé : *Le Procès du Melon, par M. M. L. M. Paris*, in-8°., sans date. C'est une plate invective contre ce fruit, qui *s'est rendu coupable de lèze-majesté*, en donnant une indigestion à Henri IV.

(4) *Hortus Medicus, etc.*, pag. 38.

(5) *De Re Cibariâ, etc.*, lib. VIII, cap. XII, pag. 475.

(6) *Libro della natura e virtù delle Cose che nutriscono, etc. Venetia*, 1576, in-4°., p. 43.

carême avoit fait en partie la réputation de l'épinard, à raison de sa précocité. *Beckmann* croit, avec beaucoup de botanistes, que cette plante nous est venue d'Espagne (1); aussi, quelques auteurs l'ont nommée *hispanicum olus*; dit *Gerarde*, qui paroît également prévenu contre ce mets, auquel il attribue des qualités nuisibles (2).

Les artichauts, rares du temps de *Pline*, et qui paroissent indigènes dans l'Andalousie, avoient été ensuite abandonnés. *Hermolao Barbaro* raconte qu'en 1473, à Venise, ils parurent une nouveauté. Vers 1466, ils avoient été portés de Naples à Florence, d'où, selon *Ruel*, ils passèrent en France, au commencement du seizième siècle (3), et sous Henri VIII, en Angleterre. *Daigue* dit qu'on voit à présent les jardins remplis d'artichauts (4); cette phrase et la suite du texte insinuent que cette culture étoit récente; et attendu que cette plante est de la famille des chardons, il s'indigne que nous ayons empiété sur la pâture des ânes. *Arthur Thomas*, sieur d'*Endry*, auteur de l'*Isle des Hermaphrodites*, rapporte que l'on servoit des artichauts aux repas somptueux de Henri III.

Il seroit trop long d'énumérer toutes les acquisitions faites alors; d'ailleurs, la culture fit éclore de nombreuses variétés dans les plantes congénères. *La Bruyère-Champier* parle avec étonnement des choux énormes qu'il a vus vers Senlis (5). OLIVIER DE SERRES dit que le chou-cabus dégénéroit. Il falloit annuellement tirer des graines de Tortose, Savone ou Briançon; actuellement nous sommes dispensés de recourir à cet expédient. Vers la fin du seizième siècle, ou au commencement du suivant, les brocolis furent apportés d'Italie en France. *Beckmann* ajoute, que les choux-fleurs, venus du Levant en Italie, passèrent de-là en Allemagne. Le même auteur parle de diverses plantes autrefois cultivées, aujourd'hui négligées; et *Sickler* m'assure qu'indépendamment de ces plantes, qu'il conviendroit de réintégrer dans nos potagers, l'Allemagne possède sept ou huit variétés de légumes qui nous manquent.

Au treizième siècle, *Arnaud de Villeneuve* ne comptoit que trois sortes de choux; *Bonnefonds*, auteur du *Jardinier françois*, y ajoute la liste de plusieurs autres. *Charles Estienne* ne parle que de quatre sortes d'oseilles, et quatre de laitues : un siècle après, le *Jardinier françois* en compte sept de chaque espèce. Actuellement, dit *le Grand d'Aussi*, nous avons plus de cinquante variétés de choux, cinquante de laitues, quarante de melons.

L'introduction de quelques fleurs peut ici obtenir une place. *Conrad Gesner*, le premier qui ait décrit la tulipe, raconte qu'en 1559 on la vit à Ausbourg, où auparavant elle étoit inconnue. Nous devons la tubéreuse à un minime, que le savant *Peiresc* avoit envoyé en Perse (6); c'est l'opinion commune. Néanmoins le père *Dardenne*, de l'Oratoire, prétend que les Indes ont donné *cette*

(1) *Beytræge zur Geschichte der erfindungen*, tom. V, cah. I.

(2) *The Herball, etc.*, pag. 33.

(3) *De Naturâ Stirpium, etc. Parisiis*, 1536, in-fol., lib. III, cap. XIV, pag. 643.

(4) *Singulier Traicté, etc.*, chap. XII.

(5) *De Re Cibariâ, etc.*, lib. VIII, cap. IX, pag. 471 et 472.

(6) J'ai lu, je ne sais où, qu'autrefois, dans plusieurs villes de France, le droit d'élever des rosiers étoit restreint; c'étoit un privilége particulier.

étrangère charmante à l'Italie, qui l'a fait passer jusqu'à nous (1). D'un autre côté, *Beckmann* s'appuie de l'autorité de *Papon* (2), pour attribuer l'introduction de cette fleur en Europe, avant l'an 1594, à *Tovar*, médecin Espagnol. L'*hortensia* étoit, depuis quelques années, très-répandue en Angleterre et en Hollande : elle commence à obtenir chez nous la même faveur; et dans quelques parties de la France, des plantes champêtres passent graduellement dans les parterres, qu'elles orneront en s'embellissant elles-mêmes. *Les fleurs sont ce qu'on les fait,* dit *Saint-Simon; la nature ne leur a donné que leurs moindres agrémens.* On pourroit citer en preuve ce qu'il raconte des environs de Harlem, où l'on distingue par des noms différens près de deux mille variétés de jacintes (3), quoique leur type soit unique. Ces considérations, qui s'appliquent à presque tous les genres de cultures utiles, comme à celles d'agrément, doivent encourager les tentatives. Je trouve sous la date de Paris, 1658, in-8°., un ouvrage de *P. Morin*, intitulé : *Remarques nécessaires pour la culture des Fleurs*, à laquelle l'auteur s'étoit livré pendant plus de quarante ans, ainsi que son frère. Il fut, pour son siècle, ce qu'étoit, de nos jours, *Vilmorin*, avec cette différence, que ce dernier s'est occupé de l'utile comme de l'agréable. La mort vient d'enlever cet homme de bien, dont la mémoire sera toujours chère aux agriculteurs et aux républicains.

La conquête du Nouveau-Monde procura à l'Europe des acquisitions nouvelles : la grenadille, indigène au Mexique et au Pérou, fut présentée au pape Paul V; la capucine est originaire des mêmes contrées; l'ananas, mentionné dans *Labat*, sous l'an 1694 (4), l'est bien antérieurement, et je pense, pour la première fois, dans *Hernandez de Oviedo*, qui publia son histoire en 1535 (5).

Le tabac, venu du Brésil en Europe, par l'entremise des Portugais, fut, par le cardinal de Sainte-Croix, nonce à Lisbonne, porté en Italie, où, pendant quelque temps, on l'appela *herbe de Sainte-Croix*, comme chez nous il emprunta le nom de l'ambassadeur Nicot, qui, en 1559, l'envoya en France (6). L'usage de cette plante fut interdit à Rome et à Constantinople : ces contradictions mêmes servirent peut-être à le répandre. La Guyenne, et sur-tout Clairac, en produisoient d'excellent; il devint bientôt une branche importante de commerce, pour l'Alsace. Les Muses le chantèrent; et dès l'an 1628, on trouve des poëmes sur le tabac, entr'autres, celui de *Raphaël Thorius* (7). Huit ans auparavant, *Neander* en avoit donné un traité complet (8), qui étoit déjà traduit en françois en 1626.

(1) *Traité sur la Connoissance et la Culture des Jacintes. Avignon,* 1759, in-12, p. 111.

(2) *Voyage de Provence. Paris,* 1787, in-12, tome II, pages 138 et 139.

(3) *Des Jacintes, de leur anatomie, reproduction et culture. Amsterdam,* 1768, in-4°., chap. I. L'auteur de ce traité est plus connu par un ouvrage intéressant sur les guerres des Bataves contre les Romains.

(4) *Nouveau Voyage aux Isles de l'Amérique. Paris,* 1722, in-12, tome I, page 401.

(5) *La Historia general y natural de las Indias. Sevilla,* 1535, in-fol., lib. VII, cap. XIII; traduite en françois, et imprimée, en 1555, à Paris, aussi in-fol.

(6) *Georg. Paschii Inventa nov-antiqua. Lipsiæ,* 1700, in-4°., pag. 454.

(7) *Hymnus Tabaci. Lugduni-Batavorum,* 1628, in-4°.

(8) *Tabacologia, hoc est Tabaci seu Nicotianæ Descriptio. Lugduni-Batavorum,* 1622, in-4°.

Du Nouveau-Monde nous vinrent aussi le topinambour (*helianthus tuberosus, L.*), ensuite la patatte ou batate (*convolvulus batatta, L.*), indigène aux deux Indes, et dont la culture vient d'obtenir quelques succès à Toulouse, par les soins de *Ferrière*, de *Puymorin*, et de *Picot la Peyrouse*.

La pomme de terre (*solanum tuberosum, L.*), improprement appelée aussi patatte, vint-elle d'Amérique en Galice, puis en Irlande, comme l'assure *Bowles* (1), ou fut-elle transportée directement, par *Walter Rawleigh*, d'Amérique en Irlande, d'où elle passa dans le Lancashire, comme l'assure notre collègue *Parmentier* (2)? Peu importe. Successivement elle se répandit dans toute l'Europe: c'est une des plus belles conquêtes dont on puisse se féliciter, et l'accueil que cette racine obtient par-tout la venge bien du mépris qui la couvrit trop long-temps (3).

Olivier de Serres parle beaucoup des prairies artificielles; Henri IV en forma dans diverses contrées. *Hartlib* disoit qu'à Paris il y avoit de la luzerne peut-être supérieure au sainfoin récemment apporté en Angleterre.

Les plantes dont on obtient des huiles, des principes colorans, des tissus, etc., fourniroient matière à d'autres détails, si leur multiplicité même ne forçoit à se restreindre dans l'énumération des faits.

Les plantes à filasse ont peu de variétés, et les contrées qui, autrefois, en cultivoient beaucoup, sont à-peu-près les mêmes; telle est, entr'autres, la ville de Bulles, depuis long-temps fameuse par ses lins, et indiquée comme telle par *Louvet*, au commencement du dix-septième siècle (4).

Quelqu'un a prétendu que la culture de la garance, en France, étoit très-récente: le contraire est prouvé par l'anecdote suivante, que m'a fournie le savant bénédictin *D. Poirier*, enlevé, il y a deux ans, aux lettres et à l'amitié. En 1275, sous

(1) *Introduction à l'Histoire Naturelle et à la Géographie physique de l'Espagne. Paris*, 1776, in-8°., page 242.

(2) *Mémoires de l'Académie de Toulouse*, tome III. Sous l'an 1664, je vois cité, dans les auteurs, l'ouvrage de *Forster*, que je n'ai pu trouver: *England's happiness increased by a Plantation of Potatoes. London*, 1664, in-4°.

(3) D'après le célèbre *Haller*, copié par *Boehmer*, et d'autres bibliographes géorgiques, on a cru qu'Olivier de Serres connoissoit la pomme de terre (*solanum tuberosum*), et qu'il l'avoit décrite sous le nom de cartoufle (*Théâtre d'Agriculture*, Lieu VI, chap. X). J'ai suivi, sur ce point, l'opinion qu'autorisoit le grand nom de *Haller* (voyez ci-devant, dans l'Éloge, page xxviij); mais ce pourroit être une erreur. Notre collègue *Parmentier*, à qui il appartient sur-tout de parler des pommes de terre, parce qu'il est celui, de tous les agronomes, qui a le plus étudié ces racines utiles, et qui les a le plus fait valoir, croit qu'on ne peut leur appliquer la description des cartoufles, qui ne sont, selon lui, que les topinambours (*helianthus tuberosus*). Il faut observer qu'Olivier dit que cette espèce de truffes qu'il appelle cartoufles, étoit venue de Suisse; et qu'encore aujourd'hui, en Suisse, on donne à la pomme de terre le nom de *tarteuffel*, qui approche beaucoup de celui de cartoufle. Mais notre illustre *Parmentier* prouvera son avis dans la note sur les cartoufles. Il a bien mérité qu'on s'en rapporte à lui sur les racines esculentes; et pour lever toute équivoque, j'ai proposé, depuis long-temps, que le précieux tubercule, si mal nommé pomme de terre, reçût des botanistes et des cultivateurs françois, le nom de *Parmentière*. Ce seroit, de leur part, l'acte de la reconnoissance et l'hommage de la justice. (*F. D. N.*)

(4) *Histoire de Beauvais*. 1614, in-4°., pages 51 et 52.

Philippe-le-Hardi, une transaction fut passée entre le prieur de Saint-Denis et le religieux infirmier, qui étoit un officier claustral, au sujet de la dîme de la garance. On faisoit aussi grand commerce de guède, ou pastel, à Saint-Denis, qui a encore une place appelée le Marché de Guèdes.

On sait que la plupart de nos bons fruits sont venus d'Asie : l'abricot, la prune, l'aveline, la figue, la noix, l'olive, le coing, la grenade, etc. Les arbres qui les produisent, sont, depuis bien des siècles, naturalisés en Europe, ou plutôt indigènes ; car une plante l'est dans un climat, dit *Burtin*, lorsqu'elle y exerce toute la puissance végétative de son espèce (1).

Olivier de Serres place au règne de Charles VIII l'introduction du mûrier en France ; mais en lisant *la Bruyère - Champier*, *Liebaut et Quiqueran*, on trouve que cet arbre étoit peu cultivé. On n'en fait pas de cas, dit ce dernier, excepté pour la nourriture des vers à soie. Cependant, dès l'an 1554, un édit avoit ordonné la plantation des mûriers. Toulouse, Moulins, et particulièrement Tours, commencèrent à récolter des soies; on s'en occupa bientôt avec succès en d'autres lieux : à Mantes, à Rosny et au Jardin des Tuileries, par les soins d'Olivier de Serres, pour le compte de Henri IV. En 1599, ce roi avoit prohibé l'importation des étoffes de soie, dont l'achat faisoit écouler beaucoup de numéraire en Italie (2). En 1602, il donna des lettres-patentes, dont l'objet étoit de propager les mûriers ; il y exhortoit les ecclésiastiques bénéficiers à le seconder par leur exemple. En conséquence, les entrepreneurs de ces plantations, à la tête desquels étoit *Barthélemy de Laffemas*, contrôleur-général du commerce de France, firent rédiger par celui-ci, un ouvrage élémentaire sur la culture du mûrier, à l'usage du clergé (3).

En 1603, des experts furent envoyés par l'autorité publique, dans les généralités de Paris, Orléans, Tours et Lyon, pour prendre tous les renseignemens ; à leur retour ils déclarèrent que les vers à soie et l'arbre qui les nourrit, pouvoient prospérer dans toute la France. Ces faits sont rappelés avec force par *le Tellier*, auteur de divers écrits sur la culture du mûrier et l'éducation des vers à soie (4) ; mais aucun ouvrage ne fit autant de sensation que celui qu'Olivier

(1) *Mémoire sur la question : Quels sont les Végétaux indigènes que l'on pourroit substituer, dans les Pays-Bas, aux Végétaux exotiques, etc. Bruxelles*, 1784, in-4°. Dans ce mémoire, couronné par l'Académie de Bruxelles, l'auteur a fait, pour la Belgique, ce qu'avoient fait, pour la Lorraine, *Coste* et *Willemet*. Voyez *Matière médicale indigène*, ou *Traité des Plantes nationales, substituées, avec succès, à des Végétaux exotiques, etc. Ouvrage couronné à Lyon en 1776. Nancy*, 1793, in-8°.

(2) *J. A. Thuani Historiarum sui Temporis, etc.*, lib. CXXIII, cap. X.

(3) *Instruction du plantage des Meuriers pour Messieurs du Clergé, avec les figures pour apprendre à nourrir les Vers, etc. Paris*, 1605, in-4°. L'année précédente, *Laffemas* avoit publié un autre opuscule sur le même sujet. *Façon de faire et semer la graine des Meuriers, les eslever, etc. Paris*, 1604, in-12. Il annonce, page 33, qu'à Provins, en Brie, jadis il y avoit dix-huit cent métiers en draps, qui, de son temps, étoient réduits à quatre.

(4) *Brief Discours contenant la manière de nourrir les Vers à soye, etc. Paris*, 1602, in-4°., oblong, avec de très-belles figures, dessinées par *J. Stradan*, et gravées par *P. Galle*. — *Mémoires et Instructions pour l'establissement des Meuriers, etc. Paris*, 1603, in-4°.

DE SERRES avoit publié en 1599, sur *la Cueillette de la Soye*. Dans *la Seconde Richesse du Meurier blanc*, il établit que l'écorce de cet arbre peut servir à faire des cordages, et même des toiles fines.

Une traduction allemande du premier de ces deux écrits, fut imprimée à Tubinge, en 1603, et une traduction angloise des deux, à Londres, en 1607. A cette époque, on s'occupoit aussi de l'éducation des vers à soie sur la rive droite du Rhin; de 1583 à 1608, les ducs de Wurtemberg en firent l'objet continuel de leurs soins. Des détails à cet égard sont consignés dans un ouvrage de *Godefroy-Daniel Hoffman* (1), qui, en parlant du tort que fit à nos soyeries la révocation de l'édit de Nantes, l'appelle un *solécisme politique*.

On a soutenu que l'arrivée de l'oranger en Europe étoit due aux découvertes des Portugais dans les Grandes-Indes; assertion démentie par un fait consigné dans *Valbonnois*, qui, sous l'an 1333, mentionne cet arbre (2), dont la culture fut plus soignée lorsque Henri IV eut fait bâtir une orangerie aux Tuileries, parce que, dans le pays qu'il gouvernoit, on est toujours, en bien ou en mal, servilement imitateur. L'oranger nommé le *grand Bourbon*, dans la belle orangerie de Versailles, où il subsiste encore, et qui a environ trois cents ans, avoit été saisi, en 1523, sur le connétable de Bourbon; il a un mètre et demi (cinquante-quatre pouces) de circonférence. A Bruxelles, on conserve une magnifique suite d'orangers, nommés les *Isabelles*, parce qu'ils sont contemporains de cette princesse.

L'arrivée du citronnier en France, date sans doute du même temps que celle de l'oranger. Cette culture aura été communiquée à la Provence par les Alpes Maritimes, où depuis long-temps elle est en honneur; j'en trouve des preuves dans l'Histoire manuscrite de ce dernier pays, transportée de Turin à la Bibliothèque nationale (3), qui finit à l'an 1652, et qui en parle comme d'une culture florissante depuis longues années : elle est magnifique à Menton, où l'industrieuse activité des habitans plante jusques dans les rochers des arbres vraiment arrosés de leurs sueurs. Telle est l'importance de cette récolte pour cette ville, que, pendant cent treize ans et jusqu'à sa réunion à la France, elle eut un magistrat de vingt-sept membres, nommé le *magistrat des citrons*, pour diriger la récolte et la vente de ce fruit, qui s'élève quelquefois à trente millions de citrons; elle auroit enrichi Menton, si les gelées et l'espèce de galle-insecte, nommée *la morphée*, ne détruisoient quelquefois l'espérance des cultivateurs.

Le caroubier est indigène dans le voisinage de Menton, sur-tout à Roquebrune. *Sestini* se plaint de ce qu'on ne cherche pas à multiplier cet arbre, dont le fruit est utile aux animaux, et dont le bois est excellent pour les boiseries (4).

La Bruyère-Champier, en 1560, ne mentionne que quelques variétés de

(1) *Observationes circa Bombyces, Sericum et Moros, etc. Tubingæ*, 1757, in-4°., pag. 47.

(2) *Histoire du Dauphiné. Genève*, 1722, in-fol., Preuves, tome II, page 279.

(3) *Historia dell' Alpi Maritime*, 2 vol. in-fol., tom. I, pag. 45 et 46.

(4) *Descrizione di vari Prodotti dell' Isola di Sicilia, etc. Firenze*, 1777, in-8°., pag. 73.

figues (1) ; *la Brousse,* en 1774, en compte vingt-deux (2) ; quinze ans après, il élève ce nombre à vingt-quatre (3). *La Bruyère-Champier* veut qu'on se défie de celles qui croissent vers Orléans et Paris. La culture en aura sans doute amélioré les qualités, puisqu'on y en mange qui flattent le goût, sans nuire à la santé.

Il paroît, d'après le même *la Bruyère-Champier,* que l'abricot ne fut connu de nos ancêtres que dans le seizième siècle, car il en parle comme d'un fruit nouveau : on en comptoit trois variétés en 1651 ; *Duhamel* les porte à treize.

En 1613, *la Framboisière,* médecin de Henri IV et de Louis XIII, parloit des pêches de Corbeil comme des meilleures ; et le même *Champier* dit qu'à Paris on les estimoit. A quoi donc tient la qualité des fruits ? *De la Quintinye,* au contraire, vers la fin du même siècle, cite comme mauvaise la pêche de Corbeil (4).

La Bruyère-Champier et *Liebaut* mettent au premier rang les prunes de Tours, auxquelles actuellement plusieurs autres sont comparées ou préférées ; la brignole, la prune d'Agen, le moyeu de Bourgogne, la mirabelle, la reine-claude, la kouetche, trop peu connue, et qui abonde dans les Départemens du nord-est de la République.

Est-il bien vrai qu'autrefois le châtaignier étoit plus cultivé qu'à présent ? Ceux qui tiennent pour l'affirmative, s'appuyent sur la présomption que les magnifiques charpentes de quelques anciennes basiliques, telles que celle de Chartres, sont en châtaignier. Cette opinion est combattue par *Buffon,* au dire duquel ces charpentes sont en chêne blanc. Quoi qu'il en soit, le châtaignier est un arbre dont nos ancêtres, il y a deux siècles, sentoient mieux le prix que leurs descendans actuels (5).

Le marronnier d'Inde, qui croît spontanément en Asie, et en Amérique chez les Illinois, passa du nord de l'Asie en Angleterre, vers l'an 1550, et de-là à Vienne, vers 1588. On tient pour certain qu'un curieux, nommé *Bachelier,* l'apporta en France, à son retour du Levant, en 1615 (6). L'arrivée de cet arbre chez nous, seroit donc postérieure à celle du faux-acacia ou robinier, qu'on lui préfère actuellement pour les avenues, et qui, du Nouveau-Monde, nous fut apporté, vers l'an 1600, par *Jean Robin,* professeur de botanique (7).

Des sauvageons tirés des forêts ont été cultivés et nous ont donné de bons fruits : on cite en ce genre le rambur, le bezy-d'hery, le colmars, la virgouleuse, la silvange, etc., qui, la plupart, ont emprunté leurs noms des lieux de leur origine.

---

(1) *De Re Cibariâ, etc.,* lib. XI, cap. XXXVII.

(2) *Traité de la culture du Figuier, etc. Paris,* 1774, in-12, page 33.

(3) *Mélanges d'Agriculture, etc.,* tome II, page 21.

(4) *Instruction pour les Jardins fruitiers et potagers, etc. Paris,* 1716, in-4°., nouvelle édition, tome I, pages 386—391.

(5) *Mémoire de Burtin,* page 84. L'auteur dit que les châtaignes de Wisbeeck, près d'Enghien, surpassent même les marrons dits de Lyon.

(6) *Manuel de l'Arboriste, etc.,* tome II, page 59. L'auteur y indique, page 60, la manière de faire une lampe de nuit avec un marron.

(7) *Lettre sur le Robinier, etc., par François (de Neufchâteau). Paris, an XI,* in-12, page 7.

Gontier dit que la calville nous est venue de Danemarck ou de Normandie (1); cette alternative n'éclaircit pas le fait.

Olivier de Serres comptoit quarante-six variétés de pommes; *de la Quintinye*, seulement vingt-cinq. Olivier de Serres comptoit soixante-deux variétés de poires; *le Jardinier François* et *de la Quintinye*, plus de trois cents.

Les botanistes, scrutant toutes les parties du globe où la végétation exerce son pouvoir, nous enrichirent successivement de plusieurs milliers de plantes, tant herbacées que ligneuses, les unes propres à nourrir ou à guérir l'homme et les animaux, les autres à le récréer: la confusion se seroit établie au milieu de ces vastes collections, si, d'après les caractères de famille reconnus dans chaque plante, ils ne leur eussent assigné des rangs; de-là les systèmes, parmi lesquels celui de *Tournefort* avoit obtenu la préférence (2), jusqu'à l'époque où, du fond du Nord, un autre homme de génie commanda, pour ainsi dire, à l'Europe une classification différente, une langue nouvelle, et l'Europe obéit (3). Espérons que les efforts soutenus des Savans feront un jour disparoître la dernière classe de *Linné*, celle des cryptogames, qui renferme toutes les plantes dont la reproduction est pour nous un mystère.

Les classifications arbitraires, utiles à la mémoire, en laissoient néanmoins désirer une fondée sur les affinités naturelles des végétaux. Guidé par cette considération, *Antoine Laurent de Jussieu* en établit une nouvelle (4), qui sort du cercle des systêmes, pour passer au rang des vérités; et l'Europe savante doit ce bienfait à un François, qui soutient honorablement une célébrité héréditaire dans sa famille.

Le seizième siècle est l'époque où furent établis, en diverses contrées de l'Europe, des jardins botaniques; et l'Italie eut la gloire de montrer l'exemple. Le premier est celui de Padoue, en 1533; quelques années après furent formés ceux de Florence et de Pise. *Ferrari*, en 1632, cite les plus remarquables, qui avoient déjà bien des années d'existence: ceux des Médicis, à Florence; des Farnèse, à Parme; des ducs de Brabant, à Bruxelles; ceux de Vienne, de Salzbourg, d'Eichtet (5), etc., etc. Ce dernier, à ce que nous apprend *Stingelius* (6), avoit été formé par *Jean Conrad de Gemmingen*, évêque de cette ville. Le même auteur assure que, dans celui du cardinal Alexandre de Médicis, une sorte de lin venu des Indes croissoit à la hauteur d'un arbre; il y a sans doute beaucoup à retrancher de cette assertion. Paris avoit un jardin botanique en 1591; *Houel* établit, vers l'an 1600, celui des apothicaires de cette même ville; celui de Montpellier, établi par le médecin *Richer de Belleval*, date de l'an 1598.

Belon, à qui la botanique et l'agriculture ont de grandes obligations, offrit de fournir annuellement d'arbres exotiques les maisons royales; le car-

(1) *Exercitationes Hygiasticæ, sive de Sanitate tuendâ. Lugduni*, 1668, in-4°, lib. VII, cap. VII.

(2) *Élémens de Botanique. Paris*, 1694, 3 vol. in-8°.

(3) *C. Linnæi Systema Naturæ. Lugduni-Batavorum*, 1735, in-fol., prima editio.

(4) *Genera Plantarum secundùm ordines naturales disposita. Parisiis*, 1789, in-8°.

(5) *De Florum Culturâ*, pag. 85.

(6) *Hortorum, Florum et Arborum Historia, etc.*

dinal de Lorraine l'appuya fortement, et Henri II lui assigna la pension de six cent francs dont nous avons parlé, qui ne lui fut jamais payée.

Depuis *Isidore de Séville*, jusqu'à *Stratico*, évêque de Lesina, qui publia en italien, en 1790, à Venise, des opuscules utiles pour connoître l'état de la Dalmatie; jusqu'à l'évêque de Valladolid, qui vient d'établir à ses frais une chaire d'économie domestique et une d'agriculture (1), une foule de prélats ont bien mérité de l'art rural : le seizième siècle nomme, en France, *Quiqueran de Beaujeu*, évêque de Senez, et *du Bellay*, évêque du Mans, qui fit des efforts incroyables pour perfectionner le jardinage. Cet homme de bien tiroit des arbres de l'étranger; *Belon* lui en avoit procuré beaucoup. *Du Bellay* poussoit les précautions jusqu'à faire passer par l'eau bouillante les terres destinées à élever des plantes rares, afin d'extirper les insectes.

Porta fait remonter aux Anciens l'expérience singulière par laquelle de jeunes arbres arrachés étoient à l'instant replantés, les branches en terre, les racines en l'air (2). Cette expérience, renouvelée de son temps, l'a été depuis par *Leeuwenhoek*, de l'ouvrage duquel *de Vallemont* l'a reportée dans le sien (3), et récemment par *Duhamel;* elle avoit du moins un but utile, celui de connoître les phénomènes de la sève.

Au seizième siècle on commença à greffer en flûte. Le même *Porta* en parle comme d'une invention récente, dont cependant il ne nomme pas l'auteur (4). *Mizauld*, qui a écrit sur la greffe (5), dit, dans un autre de ses ouvrages, avoir vu un arbre qui portoit simultanément des pommes, des noix, des raisins et des fleurs (6). On mettoit alors de l'importance à la production de ces monstruosités vraies ou fabuleuses. Les auteurs de ce temps, pour la plupart, donnent, à ce sujet, des recettes bizarres; on en trouve sur-tout dans l'ouvrage italien de *Bonardo* (7). L'extravagance de ces tours de force a été combattue dans un traité sur les arbres fruitiers, publié sous le nom de *le Gendre*, curé d'Hénonville, mais dont le véritable auteur est *Arnaud d'Andilly* (8). Tandis que, sous Louis XIV, *Girardet* à Bagnolet, *de la Quintinye* à Montreuil, s'occupoient de perfectionner la culture des arbres à fruit, les illustres solitaires de Port-Royal, destinés à faire le bien, et à ne faire que le bien, se délassoient de leurs travaux sur la religion et les sciences, en soignant leurs jardins. A la ferme des Granges, sont encore beaucoup d'espaliers et de hauts-vents plantés par leurs mains. Quoique ces arbres, dans leur décrépitude, ne produisent plus de fruits, le fermier, par respect, défend qu'on les arrache.

Les provinces les plus vantées de la France, en agriculture, étoient, comme aujourd'hui, pour les grains, la Flandre, la Normandie, le Soissonnois, la Brie,

(1) *Décade Philosophique*, 10 *Thermidor an XI*, page 197.

(2) *Villæ*, *etc.*, lib. IV, cap. VII.

(3) *Curiosités de la Nature et de l'Art, sur la Végétation : ou l'Agriculture et le Jardinage dans leur perfection; etc. Paris*, 1705, in-12, page 162.

(4) *Villæ*, *etc.*, lib. IV, cap. XXI.

(5) *De Hortensium Arborum Insitione Opusculum. Lutetiæ*, 1560, in-8°.

(6) *Nova et mira Artificia comparandorum Fructuum, etc.*, cap. VII.

(7) *Le Richezze dell' Agricoltura*, *etc.*

(8) *La manière de cultiver les Arbres fruitiers, où il est traité des Pépinières*, *etc. Paris*, 1662, in-12, page 76 et suivantes.

la Beauce, le Bassigny, la Picardie; cette dernière étoit également renommée pour les légumes et pour toutes les plantes potagères. La Touraine étoit déjà appelée le jardin de la France, non à cause du climat, mais, dit *Liebaut*, pour les bons fruits et l'habileté en jardinage.

Les plantes du midi, transplantées dans le nord, s'y acclimatent plus facilement que celles qui passent du nord au midi : c'est un fait connu en histoire naturelle. Néanmoins, dans le grand nombre de celles qui, des pays chauds avoient été portées dans les régions boréales, il en est qui, redoutant les gelées, ne peuvent guère habiter que les serres. On chercha les moyens de les prémunir contre ce danger, sur-tout chez les Anglois et les Hollandois, les deux nations qui aiment le plus le jardinage. *Le Grand d'Aussi* présume que les serres d'hiver ont été d'usage avant les serres chaudes; quant à celles-ci, on en fit un essai en grand au seizième siècle, dans les jardins de l'électeur Palatin, à Heidelberg. Olivier de Serres en parle comme d'une chose merveilleuse (1). On voit, dans l'ouvrage de *Ferrari* sur les orangers, que les François avoient depuis long-temps employé des procédés analogues pour abriter ces arbres et d'autres plantes contre la rigueur des froids (2).

Annuellement, du Poitou, on envoyoit par la poste, à Paris, des cerises précoces, dont *la Bruyère-Champier* ne fait pas grand cas (3), et dont la maturité avoit été accélérée par de la chaux ou de l'eau chaude au pied de l'arbre. Je trouve, dans les œuvres de *Melin de Saint-Gelais*, une pièce de vers, assez plate, qui accompagne un envoi de cerises à des dames, le 1er. Mai.

La manière d'obtenir des primeurs étoit bien peu avancée au seizième siècle, on peut en juger d'après les époques que *de la Quintinye*, long-temps après, assigne pour avoir des laitues pommées, des fraises, etc., et sur-tout par une lettre, en date du 10 Mai 1696, dans laquelle madame de Maintenon parle des petits pois, comme d'une nouveauté qui, depuis quatre jours, occupoit la vanité gourmande des princes.

On prétend que l'art des espaliers, presque ignoré des Anciens, n'a été bien pratiqué qu'à la fin du seizième siècle: ce n'étoit d'abord qu'une espèce de haie, soutenue par des pieux, d'où l'espalier prit son nom, qu'il a gardé lorsqu'on l'a adossé à des murs. On ne voit pas en France, comme en Angleterre, le groseillier à grappes rouges et le cerisier s'élever en espalier à des hauteurs quadruples de celles qu'ils ont chez nous, et couvrir les murs de leurs fruits, parce que jouissant d'un climat plus favorable et pouvant nous procurer ces fruits en hauts-vents, nous réservons les expositions contre mur pour obtenir d'autres produits.

Quelques observations sur les animaux domestiques précéderont la conclusion de cet ouvrage.

Les Francs étoient passionnés pour la fauconnerie et la chasse; de-là naquit, et pendant onze cents ans se perpétua, jusqu'à la révolution, à l'abbaye de Saint-Hubert des Ardennes, l'usage d'envoyer annuellement au roi de France six

(1) *Théâtre d'Agriculture*, tome II, Lieu VI, chap. XXVI.

(2) *Hesperides, sive de Malorum aureorum Culturâ et Usu. Romæ*, 1646, in-fol.

(3) *De Re Cibariâ, etc.*, lib. XI, cap. VIII, pag. 593.

chiens courans et six oiseaux. On feroit une bibliothèque considérable des ouvrages sur la police des tournois, la chasse, l'éducation des oiseaux de vol amenés à la domesticité. Dès le treizième siècle, on trouve des traités de l'empereur *Frédéric II* et d'*Albert*, dit *le Grand*, sur la fauconnerie (1); plusieurs autres, sur la chasse, datent du quatorzième siècle, entr'autres celui du roi *Modus*, dont le manuscrit est à la Bibliothèque Nationale, et qui fut imprimé en 1486 (2). Celui du roi de Castille et de Léon, *don Alphonse*, augmenté et publié par *Gonçalo Argote de Molina*, en 1582, paroît dater également de ce temps (3). Bientôt après on publia et on traduisit les ouvrages de *Xénophon*, d'*Arrien*, d'*Oppien*, de *Phœmon*, de *Gratius*, de *Nemesien*, etc.; et l'assassin des François, *Charles IX*, composa aussi, sur la chasse, un ouvrage qui ne fut imprimé que sous Louis XIII (4). Le seizième et le dix-septième siècles virent éclore des poëmes sur les chiens et sur la chasse, par *le Comte*, *Passerat*, le cardinal *Castellesi*, *Darci*, *Strozzi*, *Angeli*, *Fracastor*, *de Thou*, *Savary*, *etc*. Une foule d'ouvrages sur les mêmes objets, sur la fauconnerie, la pêche, furent composés chez toutes les Nations savantes; je me bornerai à citer ceux de *Cirino*, *Sforzino*, *de Kaie*, *Paullini*, *Bellisaire Aquaviva*, *Mateos*, *de Espinar*, *Sébastien de Médicis*, *Blondus*, *Gaston Phebus*, *du Fouilloux*, *de Clamorgan*, *Gruau*, *Isachius*, *Cockaine*, *Valvasone*, *Giorgi*, *Harmont*, *Salnove*, *Pruckmann*, *Raimondi*, *de Sélincourt*, *Simon Latham*, *Taverner*, *Coppini*, *de Franchières*, *Gace de la Vigne*, *Artelouche de Alagona*, *Tardif*, *de Gommer*, *d'Arcussia d'Esparron*, *de Saint-Aulaire*, le frère *Fortin*, *Baldigara*, *Walton*, *Eglin*, *de Gamon* (5), *de Strosse* (6), *de Ligneville* (7), et autres, que *Kreysig* a fait connoître dans sa biblio-

(1) *Reliqua librorum Friderici II, imperatoris, de Arte Venandi cum Avibus; cum Manfredi regis additionibus: ex membranis vetustis nunc primùm edita. Albertus magnus, de Falconibus, Asturibus, et Accipitribus. Augustæ Vindelicorum*, 1596, in-8°. Un très-beau manuscrit de cet ouvrage, sans lacunes, comme il y en a dans l'imprimé, étoit entre les mains de *Mercier de Saint-Léger*, d'où il est passé dans celles de notre collègue à l'Institut, *Leblond*, conservateur de la Bibliothèque Mazarine.

(2) *S'ensuyt le Livre du roy Modus et de la royne Racio qui parle du déduit de la Chasse à toutes Bestes sauvaiges. Avec le stille de Faulconnerie*, etc. *Chambéry*, 1486, in-fol.

(3) *Libro de la Monteria. — Discurso sobre el Libro de la Monteria. Sevilla*, 1582, in-fol.

(4) *La Chasse Royale. Paris*, 1625, in-8°.

(5) *Les Pescheries, divisées en deux parties; où sont contenus, par un nouveau genre d'escrire, et sous des aussi beaux que divers enseignemens, les plaisirs inconnus de la mer, et de l'eau douce. Lyon*, 1599, in-12.

(6) *Le Discours du déduit de la Chasse, suivant les quatre saisons de l'année, pour toutes sortes de Gibiers: et pour sçavoir à quels Oyseaux il fait bon chasser. Paris*, 1603, in-8°.

J'ai cité plus particulièrement ces deux derniers ouvrages, parce qu'ils sont très-rares, et inconnus aux bibliographes; le dernier n'est point la traduction du poëme de *Strozzi*, comme le pensoit *Lallemant*, qui ne l'avoit pas vu.

(7) *Les Muttes et Veneries de Jean de Ligneville, comte de Bey*, in-fol. Très-beau manuscrit, de plus de 700 pages, écrit en 1636—1641. Le comte *de Ligneville*, grand veneur de Lorraine et Barrois, avoit vécu sous Henri IV, et étoit contemporain de notre OLIVIER DE SERRES. Ce manuscrit, et les deux ouvrages précédens, sont dans la riche bibliothèque de notre collègue *Huzard*.

thèque

thèque (1), et dont *Lallemant* a donné une notice raisonnée (2). Si l'on en croit ce *Gaston Phébus*, qui nourrissoit seize cent chiens, il faut devenir chasseur pour faire son salut, parce qu'au moyen de cet exercice on fuit les sept péchés mortels (3). *Du Fouilloux* est à-peu-près du même avis. « La pre- » mière science, dit-il, après la crainte de Dieu, est de se tenir joyeux, » usant d'honnêtes exercices (4). »

Un effet assez naturel de l'importance qu'on attachoit à des choses d'agrément, étoit d'en mettre peu aux choses utiles. Ainsi, à la même époque, les chasseurs écrivoient sur les maladies des oiseaux, des chiens et des chevaux de chasse, tandis que l'art vétérinaire étoit dans l'abjection, quoique des épizooties très-fréquentes, sur-tout en Italie (5), dussent rectifier l'opinion égarée sur les avantages de cette partie des connoissances humaines.

Quelques bons esprits s'élevèrent cependant au-dessus du préjugé. *Ruel* publia une version latine des vétérinaires grecs (6); *Grynæus* donna une belle édition du texte seul (7); *Massé* les mit en françois (8), et *Jean Jourdain* en donna, vers le milieu du siècle suivant, une nouvelle version dans la même langue (9); *Charles Estienne* traduisit *Vegèce* (10), et cette traduction, publiée sous le nom de *Bernard du Poy-Monclar*, est revendiquée fortement par *Charles Estienne* (11). Divers autres ouvrages sur la médecine vétérinaire, et plus particulièrement sur l'hippiatrique, furent publiés à cette même époque, ou peu après, par *Heroard*, médecin de Henri IV; *Ruini*, sénateur de Bologne, dont l'ouvrage est étonnant pour l'époque où il vivoit (12); *J. Camerarius*, *Rusius*, *Jean Vincent*, *Laville*, *Thenand*, *Beaugrand*, *Baret*, *du Mesnil*, *Lanfray*, *Rusto* ou *Ruffo*, Calabrois, le premier qui ait écrit sur la ferrure des chevaux; *Naaldwyck*, Hollandois; *Scacco*, *de l'Espinay*, *Lœhneisen*, *Reuschel*, *Geissert*, et autres, indiqués dans la Bibliothèque des auteurs vétérinaires, par *Amoreux* (13); jusqu'à *Solleysel*, dont l'ouvrage,

(1) *Bibliotheca Scriptorum Venaticorum*, etc. *Altenburgi*, 1750, in-8°.

(2) *L'École de la Chasse aux Chiens courans, précédée d'une Bibliothèque historique et critique des Théreuticographes. Rouen*, 1763, in-8°., tome I.

(3) *Des Déduis de la Chasse des Bestes sauvaiges et des Oyseaux de proye. Paris, Verard*, in-4°., gothique, sans date.

(4) *La Venerie. Poitiers*, 1561, in-fol. Voyez l'Épître dédicatoire au roi.

(5) *Fracastor, de Contagiosis Morbis*, lib. I, cap. XII, parle d'une épizootie sur les bœufs, en 1514, dans le Frioul, le Véronois, etc. *Wier, de Præstigiis Dæmonum*, lib. IV, cap. XXX, cite la grande épizootie de 1552; c'étoit une maladie charbonneuse. *Antoine Faccio*, de Padoue, décrit celle de 1599, dans les États de Venise. Le sénat défendit l'usage du lait, du beurre, du fromage, de la viande, etc.

(6) *Veterinariæ Medicinæ, libri II. Parisiis*, 1530, in-fol.

(7) Τῶν Ἱππιατρικῶν βιβλία δύω. *Basileæ*, 1537, in-4°.

(8) *L'Art Vétérinaire, ou grande Maréchalerie, etc. Paris*, 1563, in-4°.

(9) *La Vraye cognoissance du Cheval, ses maladies et remèdes, etc. Paris*, 1647, in-fol.

(10) *Quatre Livres de Puble Vegèce Renay, de la Médecine des Chevaux malades, etc. Paris*, 1563, in-4°.

(11) *L'Agriculture, et Maison Rustique, etc. Paris*, 1565, in-4°., liv. I, chap. XXIII, feuillet 33.

Sic vos non vobis vellera fertis oves.

dit *Charles Estienne*, en terminant sa réclamation.

(12) *Dell' Anotomia, et dell' Infirmità del Cavallo. In Bologna*, 1598, 2 vol. in-fol.

(13) *Montpellier*, 1773, in-8°. On lui doit une première *Lettre sur la Médecine Vétéri-*

traduit en anglois et en allemand, a eu un si grand nombre d'éditions (1), et *Winter* (2), qui terminent honorablement l'un et l'autre cette nomenclature, vers la fin du dix-septième siècle.

Ingrassias, regardé comme l'*Hippocrate* de la Sicile, ne dédaigna pas la vétérinaire; il loue beaucoup cette science et ceux qui l'exercent, dans l'ouvrage qu'il a rédigé sur la similitude qui existe entre la médecine des bestiaux et celle de l'homme (3). *Tiraqueau*, jurisconsulte célèbre, publioit, dans un de ses ouvrages, une liste des médecins vétérinaires et des savans agriculteurs, qui honore les fastes de ces deux branches d'une même science (4). On conçoit qu'alors elle n'avoit pas encore cette marche assurée et méthodique qu'elle n'a commencé à prendre que dans les ouvrages de *la Guérinière* et de *Garsaut*, et au moyen de laquelle elle a fait tant de progrès de nos jours, entre les mains de *Bourgelat*, créateur des Écoles vétérinaires en France; des *Lafosse*, père et fils; de *Chabert*, *Vitet*, *Vicq-d'Azyr*; de *Paulet*, qui a publié une excellente histoire des épizooties (5); de *Huzard*, *Gilbert*, *Flandrin*, etc. Combien de contes étoient alors débités sur l'hippomanes, que *Daubenton* a prouvé n'être que le sédiment de la liqueur placée entre l'amnios et l'allantoïde! On le trouve non seulement dans la jument, mais encore dans l'ânesse et dans la vache (6).

L'art du manége, sur lequel *François Sacci* et *Jacques Savary* ont composé des poëmes latins (7), fut perfectionné d'abord en Italie, par *Fiaschi*, *Grison*, *Corte*, *Caracciolo*, et sur-tout par *Pignatelli*, à qui la France dut *Labroue*, *Pluvinel* et *Menou*.

La maréchallerie le fut en Allemagne, ensuite en France; l'art d'élever les chevaux et de croiser les races, le fut en Angleterre.

Du temps de *Gaston* il y avoit à Mazères des haras dont parle *Vaissette* (8). Notre collègue *Huzard* prétend que leur destruction, en France, fut indirectement l'ouvrage de Richelieu, qui eut la politique d'appeler à la

---

naire. Montpellier, 1771, in-8°., et quelques autres ouvrages sur l'agriculture, entr'autres: *Traité de l'Olivier. Montpellier*, 1784, in-8°.; *Mémoire sur les Haies de clôture. Paris*, 1787, in-8°., dans lequel il traite des haies épineuses, d'agrément, et productives; *Notice des Insectes de la France, réputés venimeux. Paris*, 1789, in-8°., etc.

(1) *Le Parfait Mareschal, etc. Paris*, 1664, in-4°., première édition; la dernière est de 1775. On lit dans le privilége de la quatrième, imprimée en 1680, l'année même de la mort de l'auteur, qu'il y avoit, à cette époque, plus de dix-sept mille exemplaires répandus de contrefaçons de cet ouvrage.

(2) *Eques peritus et Hippiater expertus. Norimbergæ*, 1678, 3 vol. in-fol.

(3) *Quòd Veterinaria Medicina formaliter una, eademq. cum nobiliore hominis Medicinâ sit, materiæ duntaxat dignitate, seu nobilitate differens: ex quo Veterinarii quoque Medici, non minùs, quàm nobiles illi hominum Medici, etc. Venetiis*, 1568, in-4°.

(4) *Commentarii de Nobilitate et Jure Primigeniorum. Lugduni*, 1617, in-fol., quarta editio, cap. XXXI, pag. 293 et seqq.

(5) *Recherches historiques et physiques sur les Maladies épizootiques, avec les moyens d'y remédier. Paris*, 1775, 2 vol. in-8°.

(6) *Mémoires de l'Académie royale des Sciences*, année 1751, in-4°., page 293.

(7) *Hippicon, libri IV. Romæ*, 1634, in-4°. — *Album Hipponæ, sive Hippodromi Leges. Cadomi*, 1662, in-4°.

(8) *Histoire générale du Languedoc. Paris*, 1665, in-fol., tome IV, page 398.

cour tous les grands tenanciers (1). Quelques ouvrages ont été publiés sur cet objet, à l'époque dont je m'occupe, par *Jean-Baptiste Ferraro* (2), *Jean Tacquet* (3), et un anonyme (4). Ce dernier évaluoit à environ cinq millions par an notre exportation de numéraire pour l'achat de chevaux étrangers ; elle est bien augmentée depuis. Un demi-siècle après, *Querbrat Calloet*, déjà cité à une autre occasion, nous donnoit des avis utiles, mais peu suivis (5), et *Winter* publioit, en quatre langues, son traité des Haras (6).

La Provence étoit, selon *Quiqueran*, un des pays remarquables par l'excellence et l'abondance du bétail. Il parle d'un taureau si gros et si féroce, que, pour le dompter, on lui attacha un cable, auquel étoit suspendu le tronc d'un arbre, pesant environ six cent livres (trente myriagrammes); mais, comme il traînoit ce fardeau à travers les champs cultivés, et les abimoit, on fut contraint de le tuer (7).

Dans les gras pâturages de la Normandie paissoient de nombreux troupeaux, dont le beurre, à raison de la quantité et de la qualité, formoit une branche considérable de commerce. Olivier de Serres accorde aux Lorrains l'invention de conserver le beurre fondu (8).

On fait remonter à plus de neuf siècles l'art de relever le goût du fromage par le mélange d'herbes odoriférantes. Cette opération, désignée par le mot *persiller*, annonce qu'originairement on y faisoit entrer du persil.

Certaines espèces de fromages de France ont une réputation de plusieurs siècles : tel est celui de Brie, tel est le Roquefort, préparé avec du lait de brebis, qui a été le sujet d'un mémoire de *Marcorelle*, inséré dans ceux des Savans étrangers, présentés à l'Académie des Sciences (9). Il croit que ce fromage est celui dont parle *Pline*, qu'on tiroit des Gaules, et qui étoit fort recherché à Rome. François Ier. accorda aux habitans de Roquefort la faculté de percevoir un droit sur les fromages déposés par les particuliers dans les caves de cette commune, ainsi qu'ils en avoient joui de temps immémorial, dit la charte, qui a été confirmée sous les règnes suivans. C'est encore François Ier., qui mit à la mode le Sassenage. A cette époque, on recherchoit déjà le Marolles et le Neufchâtel (10).

D'autres fromages estimés ont une réputation plus moderne ; entre ceux-ci on compte le *Gerardmer* des Vosges, dont les Parisiens ont travesti le nom en celui de *Giraumé*. On connoît trop peu celui que fabriquent les anabaptistes de Salm, dans la même contrée ; les procédés en ont été décrits par

(1) *Instruction sur l'Amélioration des Chevaux en France. Paris, an X*, in-8°., page 12.

(2) *Delle Razze, disciplina del Cavalcare, etc. In Napoli*, 1560, in-4°.

(3) *Philippica, ou Haras de Chevaux. Anvers*, 1614, in-4°.

(4) *Mémoires pour l'establissement des Haraz en France, etc.* 1639, in-12.

(5) *Advis, on peut en France, eslever des chevaux, aussi beaux, aussi grands, et aussi bons qu'en Allemagne et royaumes voisins, etc. Paris*, 1666, in-4°.

(6) *Traité nouveau pour faire race de Chevaux, etc. Nuremberg*, 1672, in-fol.

(7) *La Nouvelle Agriculture, etc.*, liv. II, chap. VI.

(8) *Théâtre d'Agriculture*, tome I, Lieu quatrième, chap. VIII.

(9) Tome III, page 585 et suiv.

(10) *Mélanges tirés d'une grande Bibliothèque*, tome XXXII, page 184.

Desmarets, dans le *Dictionnaire des Arts et Métiers* de l'*Encyclopédie méthodique*.

Jusqu'à l'époque d'OLIVIER DE SERRES, on s'étoit peu occupé des abeilles en France ; on ne trouve ce qui les concerne, que dans les traités d'agriculture : il est le premier qui en ait parlé en détail ; et ce qu'il en dit, pouvoit alors être regardé comme un ouvrage complet (1). Ce n'est qu'au milieu du dix-septième siècle que parurent ceux d'*Alexandre de Monfort*, sur ces insectes, plus utiles que les vers à soie (2), mais sur lesquels on a moins écrit, parce qu'ils ne sont qu'utiles (3). J'ignore à quel temps remonte la fabrication de l'hydromel vineux dans quelques parties de la France ; cette liqueur bienfaisante, peu coûteuse, mériteroit d'être plus connue et plus en usage.

A l'article de l'Espagne nous avons parlé de la préférence donnée au bœuf, pour le labour, sur les chevaux et les mulets. Dans les diverses provinces de France, l'emploi de ces animaux, pour les travaux champêtres, varioit comme aujourd'hui, et le choix, à cet égard, ne fut pas toujours déterminé par la raison. La préférence à donner au bœuf, pour la culture dans la Belgique, fut l'objet d'un concours ouvert par l'Académie de Bruxelles, qui, en 1777, couronna le mémoire de *Norton*, recteur des dominicains Anglois à Louvain. Il établit sa thèse sur la quantité respective d'alimens nécessaires à chaque espèce, l'emploi de leurs fumiers, le parallèle de leurs forces, etc. (4). Il auroit pu ajouter incidemment d'utiles observations sur le poids énorme et inutile des colliers qu'on emploie généralement pour les bêtes de somme.

Le mulet convient évidemment plus que le cheval, pour les transports à dos dans les lieux escarpés. Demandez à l'habitant des Vosges pourquoi, dans cette chaîne de montagnes, on n'emploie pas le premier ; peut-être vous répondra-t-on, comme à moi, que le mulet a le pied moins sûr que les autres bêtes de somme. Ainsi l'homme est subjugué par l'habitude. Une révolution salutaire dans l'agriculture s'opéreroit facilement, si l'on pouvoit persuader aux campagnards que ce qui s'est fait par leurs ancêtres n'est pas toujours la mesure du mieux possible.

L'éducation des bêtes à laine, au seizième siècle, étoit, sinon perfectionnée, du moins très-suivie. *Quiqueran* dit que tel propriétaire a quinze mille bêtes à laine, et que les marchands étrangers affluent pour en acheter les toisons.

J'ai déjà fait remarquer qu'autrefois les épizooties, plus fréquentes, exerçoient encore plus de ravages que de nos jours. Et pouvoit-il en être autrement, lorsque les animaux étoient soignés de la manière la plus opposée aux principes de l'hygiène? On a remarqué que la France et l'Espagne sont peut-

(1) *Théâtre d'Agriculture*, tome II, cinquième Lieu, chap. XIV.

(2) *Pourtrait de la Mouche à miel, ses vertus, forme, sens, et instruction pour en tirer profit. Liège*, 1646, in-8°. — *Le Printemps de la Mouche à miel. Anvers*, 1649, in-8°.

(3) On trouvera dans le tome V des *Mémoires de la Société d'Agriculture du département de la Seine*, une *Notice bibliographique des ouvrages françois sur les Abeilles*, rédigée d'après le vœu de la Société, par notre collègue *Huzard*.

(4) *Mémoires sur les Questions proposées par l'Académie des Sciences de Bruxelles, en* 1777. *Bruxelles*, 1778, in-4°.

être les pays où, dans ce qui concerne le gouvernement des animaux, on trouve plus de malpropreté et de brutalité.

Les hommes qui unissent une raison cultivée à des sentimens honnêtes, envisageront toujours avec horreur les combats de coqs et de taureaux, le jeu de l'oie, que l'on assomme à coups de bâton, la pratique aussi absurde qu'atroce de tuer les abeilles d'une ruche pour en extraire le miel, de crever les yeux à un rossignol pour le faire chanter dans toutes les saisons, etc., etc. Ils loueront la bienveillance des Banians, des Turcs, envers les animaux, et la tendresse des Arabes pour leurs chevaux; ils citeront toujours avec éloge les écrivains qui se sont constitués les défenseurs de cette portion des êtres doués de sensibilité: *Bernardin de Saint-Pierre* (1), *Cooper* (2), *Young* (3), *Smith* (4), *Melmoth* (5), *Weis* (6), Madame *Trimmer* (7), *Oswald* (8), Miss *Williams* (9), *Pratt*, *Daubeny*, et sur-tout *Lawrence* (10), dont l'ouvrage est un des plus complets et des mieux faits sur cette matière; il assure que les veaux conduits au marché de Smithfield y sont cruellement jetés à terre du haut des charrettes; cependant sur ce marché est placardée une ordonnance de police, en gros caractères, qui décerne des peines contre ceux qui maltraitent les animaux. Malheur à quiconque voudroit placer ces observations hors du cercle des idées morales! comme si l'homme n'avoit que des droits à exercer et pas de devoirs à remplir envers les paisibles compagnons de ses travaux! Le maréchal de Saxe disoit que quand un charretier est en querelle avec ses chevaux, communément c'est l'animal à deux pieds qui a tort. S'il est permis de les exercer à cultiver nos champs, si le besoin de la peau de certains animaux pour notre vêtement, de leur chair pour notre nourriture, autorise à les tuer, du moins épargnez-leur des douleurs inutiles: c'est chose plus facile que de faire adopter le systême de *Descartes*, qui les assimile aux automates. Pourriez-vous même blâmer le mouvement de sensibilité qu'inspire la vue de l'oie stupide, qui fait mouvoir la roue du tournebroche pour rôtir un individu de son espèce?

Buffon remarque qu'on tireroit un plus grand parti des bêtes de somme,

(1) *Études de la Nature. Paris*, 1792, in-8°., tome IV, page 331 et suiv.

(2) *The Task, a poem, books VI. Boston*, 1791, in-8°.

(3) *An Essay on Humanity to Animals.* Ce dernier a pris la défense même des grenouilles et des chats-huants.

(4) *Ueber die Natur and Bestimmung der Thiere wie auch von den Pflichten der Menschen gegen die Thiere. Kopenhagen*, 1790, in-8°.

(5) *The Letters of sir Thomas Fitzosborne on several subjects*, 1742, in-8°., lettre 16. Il blâme la cruauté même envers les insectes.

(6) *Principes philosophiques, politiques et moraux. Paris*, 1789, 3 vol. in-12.

(7) *Lilliputian* Spectacle de la Nature: *or, Nature delineated, in conversations and letters passing betwen the Children of a family. London* (sans date), 3 vol. in-12.

(8) *The cry of Nature; or, an appeal to mercy and to Justice, on behalf of the persecuted Animals. London*, 1791, pet. in-8°.

(9) *Apperçu de l'état des Mœurs et des Opinions dans la République françoise, vers la fin du dix-huitième siècle. Paris*, 1801, in-8°., tome II, page 205. — *Nouveau Voyage en Suisse*, par la même. *Paris*, 1798, in-8°., tome II, page 64.

(10) *A philosophical and practical Treatise on Horses, and on the moral duties of Man towards the Brute creation. London*, 1796, in-8°.

en les traitant avec douceur. De cette persuasion, sans doute, dériva l'usage immémorial, en Poitou, d'avoir le *noteur*, ou chanteur, qui, accompagnant les bœufs lorsqu'ils fendent les sillons, les encourage par ses airs.

Les réflexions de *Buffon* s'appliquent spécialement au cheval, qu'il appelle la plus belle conquête de l'homme ; animal admirable, qui exerce ses forces jusqu'à tomber d'épuisement sous le fouet sanglant de son assassin. Quelqu'un voyant un monstre à figure humaine frapper impitoyablement un cheval harassé, s'écrioit : Malheureux ! tu n'as donc pas vu l'estampe de *Hogarth?* Cet horrible spectacle se reproduit journellement dans les rues de Paris, sous les yeux des passans, qui l'envisagent avec une insensibilité que rien n'ébranle; après cela, parlez d'humanité, si, contre l'expérience de tous les siècles, vous pouvez croire que la bonté envers les hommes puisse s'allier à la cruauté envers les brutes.

L'histoire ne jette aucun jour sur l'époque à laquelle, en France, on pratiqua, pour la première fois, la castration des animaux. Celle des jumens fut prohibée par nos règlemens des Haras (1). Un usage du seizième siècle, qui paroît s'être perdu, est celui de faire subir cette opération aux lapins ; on les lâchoit ensuite dans la garenne, où leur chair devenoit plus tendre et plus délicate. La castration des poissons n'étoit pas connue : on sait qu'elle ne date que d'environ cinquante ans, et que *Tull* en fut l'auteur (2).

Avant *Réaumur*, on avoit tenté de faire éclorre les poulets à la manière égyptienne. François Ier. avoit fait construire, pour cet objet, des fours, à Montrichard, en Touraine.

On voit, par une ordonnance de police, de l'an 1567, que le plus gros chapon est taxé à sept sous, la meilleure poule à cinq, le pigeon à quinze deniers. Malgré les variations du marc d'argent, qui étoit à seize francs du temps de Louis XII, à vingt-sept, sous Henri IV, et malgré la hausse ou la baisse des choses consommables, d'après l'abondance ou la rareté du signe qui les représente, on sent que la différence du prix, comparativement à l'époque actuelle, est exorbitante.

La pintade, venue d'Afrique, avoit été connue des Grecs et des Romains ; mais elle ne reparut en Europe qu'au seizième siècle. Cet oiseau, alors assez commun dans les basses-cours, le seroit encore, s'il n'étoit turbulent et désagréable.

Le canard de Barbarie étoit venu récemment de l'Inde, à ce que nous apprend *Charles Estienne*, en 1550 (3). Son croisement avec la cane commune, donne des métis dont OLIVIER DE SERRES fait l'éloge, mais dont il prétend que les œufs, d'ailleurs très-abondans, sont inféconds (4).

Pierre de Crescens ne parle pas du dindon. *Bouche*, historien de Provence, veut que nous en soyons redevables au roi *René*, mort en 1480;

(1) *Règlement du roy, et Instructions touchant l'administration des Haras. Paris*, 1717, in-4°., titre V, art. XI, page 30.

(2) *Abrégé des Transactions philosophiques. Paris*, 1790, in-8°., Économie rurale, tome II, article VII, page 223.

(3) *Histoire de la Vie privée des Français, etc.*, tome I, page 297.

(4) *Théâtre d'Agriculture*, tome II, Lieu cinquième, chap. VI.

il les nourrissoit au lieu dit la Galinière, près de Rosset, selon la tradition du voisinage. En contestant ce fait, on peut néanmoins inscrire honorablement *René* dans les fastes de l'agriculture, à laquelle il rendit des services éminens. On lui doit, entr'autres, l'introduction des perdrix rouges, qu'il tira de l'île de Chio (1). D'autres écrivains assurent que le dindon fut introduit, sous François Ier.; par l'amiral Chabot. *La Bruyère - Champier* parle de cette acquisition comme d'une chose récente (2), et *Beckmann* réfute ceux qui la croyent plus ancienne en France, que le seizième siècle; il prouve que, de l'état sauvage dans les forêts d'Amérique, cet animal passa à la domesticité en Europe. *De Paulmy* est du même avis (3). Parmi les historiens du Nouveau-Monde, le premier où l'on trouve une description de cet oiseau, paroît être *Gonzale Ferdinand d'Oviedo*, qui écrivoit en 1525 (4).

En 1557, à Venise, un règlement destiné à réprimer le luxe des tables, défend d'y servir du dindon. Vers l'an 1570, *Barthelemi Scappi*, cuisinier de Pie V, dans son ouvrage sur la préparation des alimens, donne la description de ce volatile (5), qui cependant n'est pas nommé dans des ordonnances rendues en France, en 1563 et 1567, rapportées par *de la Mare*, non qu'il fut inconnu, mais il étoit peu commun; et lorsqu'en 1566, les magistrats d'Amiens offrirent douze dindons à Charles IX, ce présent empruntoit son prix de sa rareté. Mais, en 1603, un règlement de Henri IV décerna des peines contre les coquetiers qui refuseroient les droits d'entrée sur les dindons, sous prétexte qu'ils étoient destinés pour la reine. Enfin, en 1619, les basses-cours en étoient déjà peuplées; j'en acquiers la preuve dans l'ouvrage intitulé : *Triomphe du Corbeau*, par *Uzier*, curé d'Einville-au-Parc, près Lunéville (6); tant il est vrai que des ouvrages absurdes ou ridicules renferment quelquefois des anecdotes piquantes et des documens historiques. Le mémoire de l'an 1605, publié par sir *Joseph Banks*, que j'ai eu occasion de citer précédemment, prouve qu'à cette époque le dindon (turkey) étoit connu en Angleterre, puisqu'on le trouve dans la liste des alimens.

Cette acquisition nouvelle fit négliger l'oie, dont la graisse est employée pour faire la garbure, ragoût languedocien, qu'on dit n'avoir pas été connu du temps de *Belon*.

Le cardinal de Châtillon avoit, près de Lisieux, des troupeaux de perdrix qui, tous les matins, alloient aux champs, et, le soir, revenoient à la basse-cour (7). *Tournefort*, dans ses voyages, raconte avoir vu, près de Grasse,

(1) *La Chorographie, et description de Provence, et l'Histoire chronologique du même pays. Aix*, 1664, 2 vol. in-fol., tome II, liv. IX, sect. IV, page 478. — *Mélanges tirés d'une grande Bibliothèque, etc.*, tome III, pages 23 et 24.

(2) *De Re Cibariâ, etc.*, lib. XV, cap. LXXIII, pag. 831.

(3) *Mélanges tirés d'une grande Bibliothèque, etc.*, tome XXIII, page 217.

(4) *Terzo volume delle Navigationi et Viaggi raccolto gia da M. Gio. Battista Ramusio. In Venetia*, 1565, in-fol. Voyez dans ce volume, *Sommario della naturale et generale Historia dell' Indie Occidentali*, cap. XXXVII, fol. 59.

(5) *Dell Arte del Cucinare, con il Maestro di casa e Trinciante.* 1571, in-4°., lib. II, cap. CXLI, pag. 72.

(6) *Nancy*, 1619, in-12, page 43.

(7) *De Re Cibariâ, etc.*, lib. XV, cap. XXXII, pag. 791.

un Provençal qui avoit aussi des compagnies de perdrix privées. Cet usage est commun dans l'île de Chio (1).

Bougainville avoit cicuré une belle espèce d'outarde aux Isles Malouines (2). Il y a tout lieu de croire que la France pourroit jouir du même avantage; on assure même qu'autrefois cet oiseau existoit dans nos basses-cours. L'oie sauvage est devenue domestique à Long-Island, et *Livingston*, en Amérique, a cicuré l'élan, il l'a même attelé (3). Ce fait, inséré dans les nouvelles publiques, m'a été confirmé par l'auteur lui-même, actuellement ministre plénipotentiaire des États-Unis d'Amérique près la République françoise.

A côté de nous, en Sardaigne, est le mouflon, sur lequel *Cetti* a rédigé un article curieux. Il s'accoutume facilement à la vie domestique, connoît la voix de son maître et le suit. On assure que la viande de cet animal est préférable à celle du daim et du cerf, et que le lait de la mouflonne vaut mieux que celui de la chèvre (4).

Combien d'autres conquêtes nous restent à faire dans les divers règnes de la nature, sur ses productions tant indigènes qu'exotiques! Que de végétaux hébrides peut créer encore la connoissance du système sexuel des plantes, dont les Anciens ont eu l'idée sans en tirer avantage! Que d'animaux dont l'homme peut assouplir le caractère! Le hocco, le vigogne, le lama, le kanguroos, etc., vivant dans l'habitation de l'homme, multiplieront ses ressources alimentaires et ses jouissances. Dans le parc de Richmond, l'Angleterre a plus de trente kanguroos; la France en possède deux individus, mâle et femelle, au Muséum d'histoire naturelle, et un couple de lamas est actuellement à la Malmaison. Déjà un de ces derniers animaux et un vigogne ont vécu plusieurs années dans la domesticité, à l'École vétérinaire d'Alfort.

En ébauchant l'état agronomique de l'Europe, au seizième siècle, j'ai cru devoir établir souvent des points de comparaison entre l'époque d'OLIVIER DE SERRES et la nôtre, et lier, en quelque sorte, le présent au passé. Je me suis abstenu de mentionner plusieurs îles qui font partie de l'Europe, et qui, favorisées d'un beau ciel, d'un territoire fertile, appellent la charrue et la main industrieuse de l'homme; la disette des faits m'a imposé silence. Ces pays, peu étendus, furent presque toujours, à l'époque dont il s'agit, comme la Corse, en proie à des dissensions civiles, ou le théâtre des guerres entre les potentats qui s'en disputoient la possession. Satellites roulans dans l'orbite d'astres plus grands, ils en éprouvèrent toutes les perturbations.

Si l'on me reprochoit de n'avoir pas indiqué l'état de la législation sur les baux, la police des marchés, l'état des chemins vicinaux, des canaux navigables, etc., je répondrois que les discussions de ce genre ne sont que limitrophes à l'agriculture; elles peuvent être traitées dans un livre tracé sur un plan plus vaste : telle seroit l'histoire générale de l'agriculture, et cette consi-

(1) *Relation d'un Voyage du Levant, etc. Paris*, 1717, in-4°., tome I, page 386.

(2) *Voyage autour du Monde. Paris*, 1771, in-4°., chap. IV, page 66.

(3) *A Philosophical Magazin*, 1802, tom. IX, pag. 92.

(4) *I Quadrupedi di Sardegna. Sassari*, 1774, in-8°., pag. 111 e seg.

dération

dération les recommande à *Reynier*, qui s'occupe, dit-on, de ce grand ouvrage.

Un écrivain qui a voulu assigner aux Nations les rangs en agriculture, accorde le premier aux Anglois; viennent ensuite les François, les Italiens. Ces jugemens, très-hasardeux, peuvent être dictés ou contestés par l'orgueil national, comme par le sentiment de la vérité; et, à cet égard, les Allemands ont droit de faire des réclamations. Néanmoins, en nous reportant à l'époque dont j'ai crayonné le tableau, je ne crois pas que la France le cède à aucun des pays voisins, et l'on voudra bien se rappeler qu'alors, chez nous, l'agriculture étoit sans cesse effrayée par le bruit des combats et les ravages de la guerre civile, dont la religion étoit le prétexte; l'ambition, la cause; et le peuple, toujours la victime. Depuis quinze ans, le même spectacle s'est renouvelé sous nos yeux.

S'il est vrai qu'Olivier de Serres ait figuré d'une manière peu honorable dans ces dissensions orageuses (2), je dirai: jetons un voile sur ces événemens sinistres, sur des fureurs à jamais déplorables, et ne voyons en lui que l'homme de génie, qui, retiré au Pradel, s'entoure de l'expérience des âges antérieurs, y ajoute son expérience propre, et consigne ses recherches dans ce *Théâtre d'Agriculture*, qui le place à la tête des Géoponiques françois. L'auteur de sa Vie a discuté savamment quelle fut l'influence d'Olivier de Serres sur son siècle et sur ceux qui l'ont suivi. Il est vraiment grand celui que la postérité appelle à présider une réunion composée de *de la Quintinye*, *Arnaud d'Andilly*, *Réaumur*, *Duhamel du Monceau*, *Roger Schabol*, *Varenne de Fenille*, *Malesherbes*, *Rozier*, *Béthune-Charost*, etc.!

(1) Dans l'Éloge de notre auteur, et dans les Éclaircissemens sur la notice de sa vie (ci-devant, pages xxj et lxxv), j'ai eu un tort que je saisis l'occasion de réparer.

J'ai nié fortement que *Pradel*, auteur de la surprise faite à Villeneuve-de-Berg, en 1573, fût Olivier de Serres. Pour le prouver, le C. *La Boissière* s'appuyoit principalement du témoignage de *d'Aubigné*, et je n'avois pourtant rien trouvé d'approchant dans l'histoire de ce dernier. Mais je me suis ressouvenu que *d'Aubigné* avoit publié, à Genève, une seconde édition de son Histoire Universelle, plus libre et plus hardie. J'ai trouvé cette édition, de 1626, à la Bibliothèque Nationale, et je dois convenir que je me suis trompé. Ce n'est pas l'aveu qui me coûte; la vérité passe avant tout. Aussi, je me fais un devoir d'annoncer mon erreur.

Le C. *La Boissière* avoit bien lu le passage dont il s'agit. Voici comme *d'Aubigné* s'exprime, tome II, page 605:

« Villeneufve au Vivarez coûta plus de » peine à avoir. Laugières l'avoit saisie quel» que-temps auparavant: le capitaine Baron » qui y commandoit, s'étoit retiré à Mi» rabel entre les mains d'un gentilhomme, » nommé *Pradel*, son ami, *autheur du* » *Théâtre de l'Agriculture*, par le moyen » duquel il fut mis dans S. Privat ».

L'exemplaire d'où est tiré ce passage, a appartenu au savant évêque d'Avranches, *Huet*, qui lisoit avec une scrupuleuse attention tous les ouvrages de sa nombreuse bibliothèque. Il avoit coutume de marquer d'un trait de plume les articles qui l'intéressoient le plus, et il en faisoit le relevé sur la page blanche qui se trouve à la fin de chaque volume. *Huet* n'a pas manqué d'annoter ces mots: *Pradel, autheur du Théâtre de l'Agriculture*, il les a reportés à la fin du volume, au milieu de douze ou quinze autres remarques relatives à l'histoire politique ou littéraire.

Cette note corrigera ce que j'ai dit à ce sujet, page lxxv. Je m'en réfère seulement aux réflexions qui terminent la page lxxvj, pour atténuer le reproche que l'on s'est cru en droit de faire à la mémoire d'Olivier de Serres. (*F. D. N.*)

Il eût été aussi facile que fastidieux d'enfler la liste, déjà peut-être trop nombreuse, des auteurs cités dans cet ouvrage : les plus distingués, ceux qui ont fait faire quelques pas à la science, avoient plus particulièrement le droit d'y figurer.

On a vu des personnes de l'autre sexe, douées des qualités les plus brillantes que donne la nature et que développe l'éducation, se livrer avec succès aux détails de la vie champêtre, dont l'attrait est par lui-même si puissant. Quelques-unes, sans doute, auront fait des expériences et des découvertes dignes d'être enregistrées dans les fastes de l'agriculture, cependant ils gardent le silence à leur égard. *Hypatie* enseigna l'astronomie; *Laura Bassi* professa la physique; *Martine de Bertereau* a écrit sur les mines; la célèbre *Agnesi*, sur le calcul intégral et différentiel; Madame *Fulham*, sur la combustion; Mademoiselle *Ardinghelli* a traduit en italien, et annoté la statique des végétaux et des animaux, de *Hales*, que *Sauvages* et *Buffon* avoient traduite en françois; madame *Priscilla Wakefield* a donné une introduction à la botanique, etc. Parmi les écrivains agronomiques, les seules femmes que je trouve à citer sont mesdames *Cretté de Palluel*, digne compagne d'un homme dont le souvenir est cher à l'agriculture, *Gacon d'Humières*, et *de la Getière*, dont on a plusieurs mémoires dans ceux de la Société royale d'agriculture de Paris, sur les avantages de l'éducation des génisses, sur les moyens de faire travailler les abeilles pendant les plus grands froids, de faire éclorre artificiellement et d'élever des poulets dans les hivers les plus rigoureux; sur l'entretien et l'engrais des porcs, etc. (1).

On seroit dans l'erreur, si, à l'aspect de cette foule d'écrivains mentionnés dans l'Essai qu'on vient de lire, on croyoit que les connoissances agronomiques étoient généralement répandues en Europe. Ces ouvrages, pour la plupart écrits en latin ou en d'autres langues étrangères, étoient inaccessibles au grand nombre des lecteurs. Les communications étoient difficiles dans un temps où, pour aller à trente lieues (quinze myriamètres), quelquefois on faisoit son testament. Le commerce, ce lien général des Nations, n'avoit pas encore étendu ses spéculations dans toutes les régions civilisées; les voyages, aujourd'hui si fréquens, étoient rares; et, depuis *Luther* jusqu'à la paix de Westphalie, conséquemment pendant plus d'un siècle, l'Europe fut presque toujours embrasée. Les procédés de l'agriculture n'étoient et ne pouvoient être que des connoissances locales que la cupidité environnoit encore des ombres du mystère.

Il n'y a guère qu'un siècle, selon *Dickson*, qu'on s'occupe d'expériences (2); aussi, de tous les objets sur lesquels peut s'exercer la sagacité de l'esprit humain, l'agriculture est incontestablement un des plus arriérés. *Volney* porte à quatre cent trente-sept millions le nombre des individus épars sur notre globe (3); ce calcul est certainement plus voisin de la vérité que celui qui l'élève à neuf

(1) *Mémoires d'Agriculture et d'Économie rurale, etc.*, trimestres de printemps 1787, d'hiver et d'automne 1789.

(2) *The Husbandry of the Ancients*, etc., volume I, Préface, page xviij.

(3) *Tableau du Climat et du Sol des États-Unis de l'Amérique. Paris, an XII*, 2 vol. in-8°.

cent millions ; quoi qu'il en soit, la terre pourroit admettre une population décuple, si toutes les landes inutiles étoient essartées, si l'industrie supprimoit enfin les jachères, que *Sage* a raison d'appeler une oisiveté périodique (1), nuisible à la société; en un mot, si le travail éclairé par les lumières avoit développé tous les moyens de pourvoir à la subsistance de l'espèce humaine. Malheureusement l'art de la tourmenter, de la détruire, est le plus perfectionné, comme le plus connu ; et quand, las de se dévorer, les hommes reviennent à ce qui est utile, à ce qui est bon, c'est moins par amour de la sagesse, que par besoin. Ainsi, l'accroissement progressif de la population nécessitera le perfectionnement de l'agriculture, et forcera à prendre la mesure trop tardive de replanter les forêts, dont la dévastation amène rapidement la stérilité et des désastres capables, comme on l'a prouvé, de faire reculer la civilisation.

Dans les années les plus brillantes de Louis XIV, la Nation étoit à-la-fois couverte de gloire et tenaillée par la misère : c'est une vérité qui a transpiré malgré les viles adulations de deux poëtes, dont l'un, qui fut le législateur du Parnasse, lui disoit :

Grand roi, cesse de vaincre, ou je cesse d'écrire ;

et dont l'autre eut la foiblesse de mourir de chagrin, parce qu'un despote avoit parlé de lui avec humeur. Telle fut aussi la condition du peuple Romain, à une époque où deux chantres immortels des plaisirs champêtres s'épuisèrent en efforts inutiles pour faire oublier les horreurs du triumvirat et le crime de cet apologiste de l'esclavage, qui empêcha le rétablissement de la république. La philosophie indignée applique le sceau ineffaçable de l'infamie sur le front d'Auguste et de Mécène, et ceint de lauriers le front d'Agrippa.

La vraie richesse et le bonheur doivent sortir des sillons cultivés : alors on est moins célèbre ; mais, ce qui vaut mieux, on est plus tranquille. Un historien Grec a dit que la femme dont on parle le moins est la plus vertueuse ; communément la Nation dont on s'occupe le moins est aussi la plus morale, conséquemment la plus heureuse.

S'il fut un siècle où l'on put se promettre de grands succès dans les sciences économiques, c'est assurément le nôtre : l'étude des langues vivantes, les progrès des diverses branches de l'histoire naturelle, et plus particulièrement de la chimie, si nécessaire à toutes les autres, et à laquelle donnent tant d'éclat *Berthollet*, *Guyton*, *Fourcroy*, *Vauquelin*, etc. ; les progrès de la méchanique, qui, à *Vaucanson* voit succéder *Watt*, *Fulton*, *Montgolfier*, *Molard*, etc. ; la multiplication des ouvrages, les voyages, la correspondance entre les Sociétés savantes formées de toutes parts, donnant aux Nations civilisées un caractère plus homogène, établissent une circulation de connoissances, qui, à la vérité, seroit encore susceptible d'un grand accroissement. Il y a, à cet égard, dans l'esprit public, une direction favorable, mais malheureusement contrariée dans divers pays par des prohibitions mesquines et tracassières, par une conjuration secrette contre le progrès des lumières. Hommes à vues étroites, qui préférez les éloges mensongers des courtisans aux bénédictions des peuples, les

(1) *De la Terre végétale et de ses Engrais. Paris, an XI*, in-8.

contemporains vous examinent et l'histoire vous attend; ils diront, elle répétera, que vous n'avez ni mesuré la portée de votre siècle, trop avancé pour rétrogader, ni connu la véritable gloire, qui consiste à élever l'esprit humain vers tout ce qu'il y a d'illustre, c'est-à-dire, de libre, de juste, de bon et d'utile.

Les mammelles de l'État sont, dit-on, l'agriculture et le commerce; mais celui-ci est fils de celle-là, et si elle ne fournissoit les matières premières, où trouveroit-on des objets d'échange ? Sur le tombeau de Colbert retentissent encore les reproches que lui adresse la postérité, pour avoir sacrifié l'agriculture à l'industrie manufacturière, au lieu de les faire marcher d'un pas égal. Des sommes exorbitantes furent dévorées par les spéculations lointaines, tandis que des landes immenses couvroient la France. D'autres sommes étoient alors prodiguées pour des fêtes scandaleuses et des spectacles; d'autres s'écouloient dans le sein des prostituées et des vampires, qui assiégeoient les avenues de la puissance: les gouvernans, administrateurs essentiellement révocables et comptables du trésor public, s'en croyoient alors les propriétaires, et l'on vantoit comme des actes de générosité les vols faits à la France. Quel en fut le résultat? la cour éblouissoit par le prestige de son luxe dévorateur; mais le peuple qui est tout, et qui étoit à-peu-près compté pour rien, excepté quand il s'agissoit de payer...., le peuple fut malheureux. Quelques hommes avoient le superflu, les autres n'avoient pas le nécessaire; la Nation eut des épices, et souvent elle manqua de pain.

Que la Hollande, obligée de lutter sans cesse contre la mer, qui menace de l'envahir; qu'autrefois Gênes, sur son territoire resserré, et Venise, au milieu de ses lagunes, aient donné la préférence au commerce, ce choix étoit nécessité par leur placement géographique. La France, assurément, peut et doit réunir le double avantage d'un commerce immense et d'une agriculture prospère; mais portons un peu moins souvent les regards sur les deux Indes, attendons que nous ayons repeuplé les forêts, amélioré les terres arables, établi des prairies artificielles dans tous les lieux qui en sont susceptibles, réparé les routes, écuré les rivières et creusé des canaux, qu'un homme célèbre appeloit des chemins qui marchent. Les mesures prises sur ces objets, par le Gouvernement, sont un heureux présage des destinées futures de la République, ainsi que les concours qu'il a ouverts, les prix qu'il a proposés sur les méchaniques à filer, sur le perfectionnement de la charrue, sur l'amélioration des races de chevaux. Ainsi la puissance publique couvre de son égide et seconde le génie qui invente, le talent qui perfectionne, le travail qui produit. A ces considérations, ajoutez la marche concertée de nos Sociétés agronomiques, et l'hommage solemnel que rend celle de Paris au *Columelle* françois, dont elle replace l'ouvrage sous les yeux du public, et qu'elle enrichit en y ajoutant l'expérience de deux siècles révolus.

Dans la carrière des sciences et des lettres, l'envie, l'égoïsme, le préjugé, et chez tant d'hommes pervers, le besoin de nuire, élèvent sans cesse des barrières contre les innovations salutaires. Citez-nous une institution sage, qui n'ait été dénigrée, une vérité, une découverte, reçues sans contradiction ? On en conteste la réalité, puis l'utilité, et quand l'évidence a parlé, on en conteste la propriété à l'auteur, qui, à l'exemple d'un célèbre physicien de nos jours, pourroit dire : Si, comme vous l'assurez, les efforts de nos devanciers avoient ouvert la route à cette invention ; si, pour l'atteindre, il ne restoit plus qu'un pas à faire, que ne le faisiez-vous ? En s'occupant d'économie rurale, on rencontre rarement ces êtres tumultueux qui désolent et découragent. Au surplus, la fermeté de l'homme de génie s'aiguise par les contradictions ; même en pardonnant aux méchans, il recueille les sentimens de reconnoissance des hommes vertueux, et lègue ses projets, ses efforts, à ceux qui sont dignes, comme lui, d'être les bienfaiteurs du genre humain.

Jamais, peut-être, aucune Nation ne fut placée dans des circonstances plus favorables à l'agriculture que la France. A l'avantage permanent d'un climat tempéré, d'un sol fertile, se réunissent des avantages de circonstances : la terre est affranchie, le fléau de la féodalité ne pèse plus sur elle ; depuis la vente des domaines nationaux et le partage des communaux, cinq cent mille prolétaires sont devenus propriétaires. Si l'accroissement de la population hausse le prix des comestibles, celui de la main-d'œuvre suit la même progression, et ouvre à tous les produits agricoles des débouchés lucratifs.

Une foule d'individus froissés par le malheur, échappés aux tourmentes politiques, éprouvent le besoin de la solitude, pour se replier sur eux-mêmes, ensevelir des souvenirs amers, cicatriser les plaies du cœur, retrouver la santé et le repos; doués de connoissances plus étendues que n'en a communément l'habitant des campagnes, par-là même ayant plus de moyens pour assurer le succès de leurs entreprises, ils goûteront encore la douce satisfaction de répandre autour d'eux les lumières, et d'ajouter au bien-être de leurs semblables.

Que ne peut-on inculquer ces vérités à ceux qui, victimes des caprices de la fortune, tristes jouets de l'ambition, s'obstinent à parcourir une route où continuellement ils sont coudoyés par la jalousie, la haine, et toutes les passions les plus abjectes !

La main du Créateur embellit le séjour de l'homme des champs ; autour de lui elle sema les plaisirs honnêtes, pour le détourner de ceux qui ne sont pas avoués par la morale. L'agriculture, la profession la plus ancienne, la plus durable, la plus nécessaire, est encore celle qui trompe le moins les espérances de quiconque s'y livre ; unie à la vertu, elle est, pour l'individu comme pour les Nations, un moyen de bonheur et d'indépendance.

FIN.

www.ingramcontent.com/pod-product-compliance
Lightning Source LLC
LaVergne TN
LVHW020436230826
846091LV00004B/1508
9782013560061